ひとはもともとアクティブ・ラーナー！

ひとはもともとアクティブ・ラーナー！

はじめに

本書は、「アクティブ・ラーナー（Active learner）」を育む高校を応援する一冊です。アクティブ・ラーナーとは、「主体的に自らの学びを切りひらく人」のことであり、「自分自身が学んだことを自ら意味づけできる人」を指します。今後の社会ではそうした人材が求められます。教育機関（学校）を出て仕事世界に移っても、学ぶことを放棄せず、自分の仕事人生としっかり向き合い、キャリアを意味づけていくことのできる人材がアクティブ・ラーナーです。

くり返しになりますが、これからの社会を生き抜く人々は、「アクティブ・ラーナー」であることが求められるというのが、編者・筆者らの仮説です。そして、そうであるがゆえに、そのための学習機会のひとつである「アクティブ・ラーニング」を学校現場にさらに増やしていくことが必要である、というのが筆者らの思いです。

教育や学習の鉄則は「鉄は熱いうちに打て」。

可能であれば、学校教育段階から、多くの子どもたちを「アクティブ・ラーナー」に育むための機会を用意することが重要です。本書は「高校」に焦点をあてた書籍ですが、これまで受験一辺倒であったような高校においても、その育成に可能な限り貢献いただけないだろうかと思っています

本書は、「アクティブ・ラーニングという言葉は聞いたことあるけれど、具体的な授業のイメージが持てない」とひとりで悩んでいる先生や、「実践してみたいが、どうしてよいかわからない」と途方に暮れている教育現場の方々を「応援」したいと思い、企画されました。

それではどのように「応援」するのか？

私たちには3つのこだわりがあります。

第一のこだわりは「数値的なデータ」による見える化です。

私たちが行った「高等学校におけるアクティブラーニングの視点に立った参加型授業に関する実態調査２０１５」では、全国３８９３校の高校に質問用紙を送り、２４１４校から返答を得ることができました。貴重な時間を賜りました現場の先生方に、心より感謝いたします。本書では、それらのデータを分析し、第4章の「データでみるアクティブ・ラーニング」でお伝えしていきます。読みやすいように他章と独立させて横組みにし、本の後ろから読んでいただくように工夫してあります。

この調査を通して、日本全体という俯瞰的な視点で、アクティブ・ラーニングの実施状態を把握することができます。実践を改善したり、立て直すためには、自己を「見える化」することのできる「鏡」のようなものが必要です。「数値的なデータ」は、自分の実践や自校の実践の特殊性や特徴を浮き彫りにしてくれる「鏡」のようなものです。

第二のこだわりは共感できる「授業実践例」です。第1章の「ケースで感じるアクティブ・ラーニング」で紹介しています。ここでは、ノウハウやハウツーというよりも授業に込めた先生

方の思いや、仕掛けの背景を伝えることを重視しています。
日々の業務のなかで先生方は、担任をなさっている学級や、担当教科に注力しがちでしょう。それは当然のことなのですが、この機会にぜひ他校、他教科の状況をつかんでみていただけますと幸いです。それが、目の前の生徒への指導の一助となるはずです。

第三のこだわりは、「地に足のついたアクティブ・ラーニング」をつくりだすことを支援させていただきたいという思いです。こちらは、第2章の「ワークで見つめるアクティブ・ラーニング」で紙上ワークショップのような体験をご提供させていただきます。

2016年現在、文部科学省によるアクティブ・ラーニング振興策のおかげで、アクティブ・ラーニングの手法やノウハウについての情報は、世の中にあふれています。そのなかには、「一時の流行」としてアクティブ・ラーニングを捉え、世に存在する様々な最先端事例に翻弄されているケースもないわけではありません。しかし、重要なのは目の前の生徒たちに必要な教育とは何かを考え、最も効果的な方法を教師が選択・アレンジし、教育を行うことのはずです。

第2章では、こうした観点から、自分の実践や自校にあったアクティブ・ラーニングのかたちを見出すことのできる疑似ワークショップを提供しています。

この知的作業を通して「なぜ自校の生徒たちには、アクティブ・ラーニングが必要なのか」「自校の教育方針に則ったアクティブ・ラーニングとは、どんなものか」を考察していただけるようになっています。

▼

自己紹介が遅くなりましたが、私、中原淳（なかはら・じゅん）は東京大学で人材開発や人材マネジメントを専門とする研究者です。10年先の人々の働き方がどうなるか、不透明な社会で働きながらも活躍し続けるのはどんな人材か——そういった研究を、これまで数多くの企業との共同研究で進めてきました。

これまで私は、企業や組織に、人がどのように採用され、育成され、役割職責を与えられていくかをずっと見てきました。どのような若手が仕事で成功するのか、そして逆に、苦労するのかも目の当たりにしてきたのです。多くの教育学者の方々は「学校の内部」や「学校の周辺部」に目配りを行います。しかし、「教育学者ではない私」は、教育機関の「さらにその先」にどのような仕事世界が広がっているかを目にしてきました。

そんななかで突き当たったのが、学校という教育機関にいる間から「仕事と向き合うこと」の重要性です。現代社会における組織では、終身雇用や年功序列がもはや成り立たなくなりつつあります。組織がその人の「仕事人生」を丸抱えしてくれる時代は、過去のものとなりつつあるのです。

そのような社会において仕事を続けていくには、学生の時分から「自分の力で食べていく」という現実に向き合い、意識を高めておくこと。さらには「仕事をするために必要な能力やスキル」をいかに早い段階から高められるかということに尽きます。

社会で仕事をしていくために必要な「異質な他者と対話する経験」「新しい価値やサービスを生み出していく経験」「異文化に親しみ、多様性に動じない経験」「自分の仕事人生と向き合い、それをプランニングする経験」そうしたものを教育機関にいる時分から経験していくことが重要だと思っています。

そして、それを築く方法のひとつが、アクティブ・ラーニングだと考えているのです。

こうした思いを胸に、私は、２０１５年４月、日本教育研究イノベーションセンター（JCERI）から多大なるご寄付を賜り、高校現場をサポートするプロジェクトを立ち上げました。さらに、志を同じくする共同研究者やスタッフらとアクティブ・ラーナーを育てる高校教育を応援すべく、12月には「未来を育てるマナビラボ」（http://manabilab.jp/）というサイトを立ち上げました。マナビラボは、アクティブ・ラーニングに関する現状や実態、そしてすばらしい実践事例を積極的に社会に発信するサイトです。私は、マナビラボのラボ長として志ある仲間とこのプロジェクトを推進してきました。そして、サイトでの発信だけでなく、書籍でも有益な情報を届けたいと思い、本書を企画したのです。

マナビラボのサイト

http://manabilab.jp

教育機関と企業のあいだに広がり続けるギャップ：「仕事人生の入り口」としての高校教育

ここまで読み進めていただいた読者の方は、私が、「教育機関」と「教育の世界のさらにその先に広がる仕事の世界」の「狭間」を問題視し、アクティブ・ラーニングを語っていることにお気づきのことだと思います。

既述のとおり、そうした認識を私が強く持つようになったのは、働く現場と関わるなかで、多くのビジネスパーソンの苦労や葛藤を日々、目の当たりにしているからです。ビジネスパーソンのなかには、教育の世界では優秀な成績を収めたのに、仕事の世界に適応できず苦労していく人や、志半ばでキャリアをあきらめていく人々がいらっしゃいます。

高校の先生方のなかに、教え子の幸せや活躍を願わない方はいないと思います。これまで長きにわたって指導をなさってきた先生方も、生徒のためを思って、様々な実践を積み重ねられてきたのでしょう。世界的な視点から見れば、初等中等教育において、日本の教育の質はきわめて高いグループに属します。そのことは大きな賞賛に値します。

しかし、高校教育関係者のなかには、その教育の成果やアウトプットを、「大学入試での成功／非成功」に求めてきた方も少なくないと思います。もちろん、それも重要なのですが、さらに深刻な問題になっているのは、「その先」なのです。「大学に入ること」よりも、さらに「その先」にある「仕事の世界」が次第に不透明になってきています。

その意味で、どうか、今一度、教育機関と仕事世界の狭間に

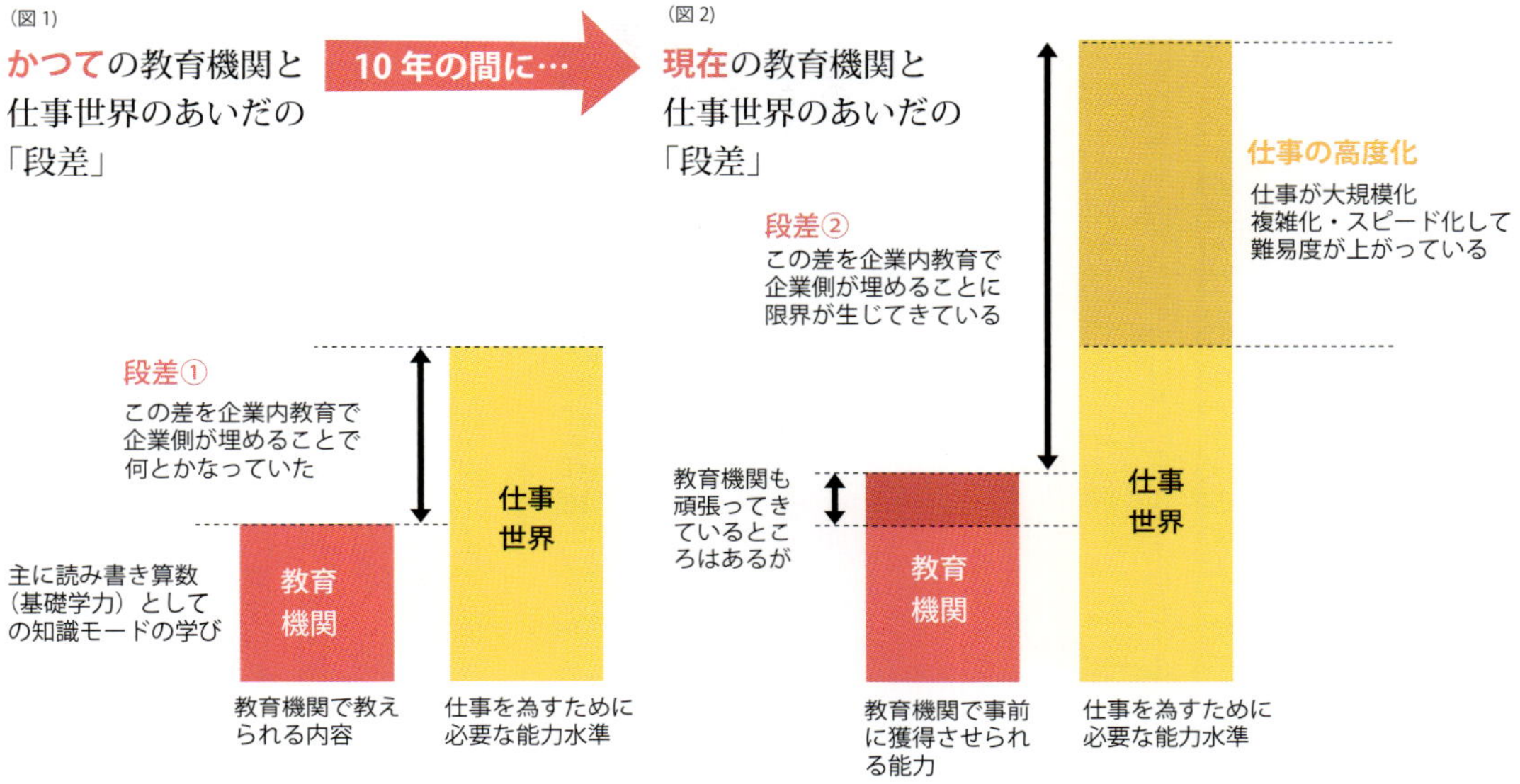

何が起こっているかをご承知おきいただきたいのです。皆さんの教え子が社会においてどのような現実に出会い、いかなる仕事人生を歩むかについて一寸耳を傾けていただきたいのです。

▼

もう少し詳しく、教育機関と企業の段差についてお話しましょう。

図1をご覧ください。話を極力単純化するならば、一般に教育機関で育てているのは、知識や概念などを問う、いわゆる「基礎学力」です。そして、社会に出てから必要になる能力とは、基礎学力は大前提としつつも、さらにそれよりは高度な能力が求められます。情報処理能力、ビジネスの企画力、戦略の構想力、部門の調整力……仕事で必要なこうした能力は、仕事の現場で獲得するのが一般的でした。

かつての教育機関と企業の段差は、図1の段差①程度でした。このくらいの段差であれば、就職してからの企業内教育で埋められる範囲内です。そのため、大きな問題にはなっていませんでした。

しかし、この10年の間に、教育機関と仕事で求められる能力の段差は図2の段差②のように広がりました。その背景として、仕事自体が高度化・複雑化・スピード化し、より高度な力が求められるようになっていることが挙げられます。この段差は、これまでと同様の企業内教育だけでは埋めることが不可能なほど大きなものです。

教育機関でも課題を感じ、少しずつ育成力を積み増しています。けっして努力をしていないわけではないのですが、さらなる努力が求められます。もちろん仕事の世界でも、手をこまねいているだけでなく、現場での仕事能力の獲得のあり方について、熱心な議論と再構築が進んでいます。

この教育機関と仕事世界で必要になる能力の段差の問題は、仕事を立ち行かせなくするだけではありません。就職後、若者は追いつめられて「こんなはずじゃなかった」と感じ、大きなリアリティー・ショック（期待と現実の落差から受ける衝撃）を受ける危険性があるのです。なかには、早期離職し、その後再就職せずに、非正規キャリアを歩む若者もいるでしょう。

つまり、将来必要になるような経験を前倒して行うことは、企業のためにもなりますが、若者がキャリアから転げ落ちてしまうことを防ぐという意味合いもあるのです。

現代の教育機関には、学校から仕事世界へのトランジション（移行）をスムーズにしていくことが求められていると思うのです。社会に出てから必要になるような経験を、ぜひ教育機関にいるときから前倒して体験してきてほしい、という思いは、このような背景から生じます。これからの時代では、高校教育を「中等教育の終わり」とか「義務教育」と「高等教育」の狭間にある教育と捉えるのではなく、むしろ「仕事人生の入り口」と捉えることが重要です。

「働くこと」に起きている5つの変化

有史以来、「働くこと」は常に変化を余儀なくされています。「働くこと」のあり方が、まったく変わらなかった時代は、存在しません。私たちの先人は、それに何とか「適応」し、生き抜いてきました。

私は、今、5つのポイントから「働くこと」に変化が訪れているような気がします。

1つ目は、**「定型業務から非定型業務へのシフト」**です。端的に述べるならば、今後は、決まり切った仕事を繰り返して、利潤を得られる定型業務の時代ではなくなっていきます。みんなが同じモノを欲しがっている時代――例えば高度経済成長を背景とした工業生産が主要産業であった時代には、大量に作って、大量に売るビジネスモデルが有効に機能しました。「みんなが欲しいアレをください」という「大衆の欲望」に応えるものを、いちはやく安価に大量に作り続ければ、利潤が得られました。そのような世界で求められる人材とは、そこそこの基礎学力を持ち、従順に与えられた課題をやりきる能力を持つ人材です。学校教育がこうした人材の育成に寄与してきたことは、多くの研究者が指摘していることです。

しかし、現在はニーズが多様化したために、1つのモノが大量に売れる時代ではなくなってきています。そうした社会で求められるのは、定型業務を超える非定型業務（創造）です。新しいサービスや市場、商品などの価値を、世に問える力が不可欠になってきているのです。自分の専門性を保ちつつも、様々な専門性や背景をもつ人々と対話し、新たなサービスや商品を創造していける人材が求められます。

2つ目の変化としては、自動化・機械化・グローバル化の影響で、私たちの仕事が**「常に代替されるリスクを持つ」**ことです。

現在急激な勢いで進行している機械化・AI（人工知能）化の動き、さらにはグローバル化による職業の移動は、私たちの働き方を変えていきます。事務作業や清掃業務、組み立て作業などの単純作業は、今後さらに減少していくでしょう。さらに輪をかけて起こるのは、単純作業の価値低下です。この価値低下により、単純業務に従事する人々の世帯年収は低下する傾向にあります。一方で、創造性が必要な仕事、協調的な業務、さらには即興性が欠かせない仕事は残り続けるといわれています。そうした仕事の価値はさらに高まっていくでしょう。

３つ目は、グローバル化が進み、「日本国内だけを相手にしてビジネスを考えることができなくなっている」ということです。つまり「働くこと」を世界的視点から考えられることが求められるようになってきています。

例えば、日本では少子高齢化が進み、国内の市場規模はどんどん小さくなっています。国立社会保障・人口問題研究所の「日本の将来推計人口」（２０１３）によれば、２０５０年には、日本の総人口は８６７４万人になるといいます。つまり、日本でモノを売ろうとしても、人が少なくて売れない時代へと突入するわけです。ヒト・モノ・カネが国境を越えていく時代、日本は世界に市場を求めなければいけません。すでに、日本の大手メーカーの商品の半数は、海外市場でのシェアだともいわれているのです。

近年では、新興国市場が大きな伸びを見せ、世界における力関係の図式もめまぐるしく変わっています。日本が新興国で伸ばしているのは、鉄道、発電所などのインフラ設備のアウトバウンドです。こうした輸出のため、大量の日本の管理職、工場の技能工、指導者などが全世界で仕事をする時代に入ってきています。

アウトバウンドだけでなく、当然インバウンドも加速しています。２０１６年現在、日本に流入する外国人観光客の数は２０００万人を超える勢いです。

これまで外国人と交渉する必要があるのは、大手企業や一部の専門的な仕事に携わる人だけでした。しかし、インバウンドが盛んになると、日本にいるすべての人、特にエンドユーザー（商品やサービスを実際に使う人）と接するホテルの従業員、タクシーの運転手、接客業の方などは、英語での対応を求められるようになります。

誰も、「自分には関係ない」とは言っていられません。グローバル化は、「ある特定の人の課題」ではなく「みんなの課題」なのです。私たちは、そのような時代を生きています。

４つ目は、「仕事人生の延長」です。

定年退職の年齢は、かつては55歳でした。しかし、今は60歳。すぐに、65歳になり、このままいけば70歳にまで延長するでしょう。最終的には、定年はなくなるに違いありません。

「働けるうちはずっと働く社会」で、22歳で就職し、80歳まで同じ企業で右肩上がりのキャリアを保ちながら勤めあげることは考えにくい。つまり、１つの組織が人の仕事人生、キャリアを全部丸抱えしてくれる時代――オーガナイゼーショナルキャリアの時代は完全に終わると考えられます。終身雇用、年功序列的な社会から、変幻自在にキャリアを変容させる「プロティアン（開拓型）キャリア」や「バウンダリーレス（境界なき）キャリア」に転換していきます。

こうした世界では、兼業・副業がかつてより常態化してきます。個人が複数の名刺を持つ時代の到来です。要は、組織に依存するのではなく、自分の仕事人生を自分でつくっていく時代になります。これまでは、「手に職をつけていれば安心」そんなふうに言われてきました。しかし、そういった幻想は終わりを迎えそうです。どんな時代にあっても、環境や周囲から学び、自らを変化させることのできる人材が求められます。

最後の変化は、我が国固有の問題「人手不足問題」です。

労働力が圧倒的に不足するため、どのような立場の人も働くことが求められるようになるということです。性別、国籍、障がいの有無などを問わず、日本総出で働き、自らの社会を支えていく主体になっていくことが求められるでしょう。

これまでの社会では、主な働き手が「男性」に限られていた時代もありました。しかし、もうそのような時代は遠い過去の遺物です。これからの社会では「働くこと」は、「ある特定の個人の問題」ではなく、「みんなの課題」なのです。

かくして、今後、働くことは「みんなの課題」になっていきます。

そして、そのためには教育機関と仕事世界の間に横たわる狭間から目を背けず、実際の社会に必要な経験を教育機関でも積んでいくことが求められます。アクティブ・ラーニングは、そのための手段のひとつなのです。

激変する社会で生き抜く力とは

以上の議論でもすでに紹介されていますが、今一度、このように激変する社会で、私たちには何が求められているかをおさらいしつつ、考察してみましょう。生き抜くうえで、養うべき力は3つあると私は考えています。以下に、ご紹介していきます。

【1】対話しながら、創造を愉しむ力

高度経済成長時代の日本。「三種の神器」と言われ、白黒テレビ・洗濯機・冷蔵庫という同じモノを欲しがった時代以降、日本ではニーズの横並びが続いてきました。

しかし、現在はニーズが多様化し、「みんなとは違う何かをください」が消費者の意識となっています。これは、消費者が求めるモノを効率的に大量生産する時代から、何を作ればよいかわからない時代へ変わったことを意味します。つまり、これからは、市場の変化を分析し、多様な人と対話をしながら、新しく何を作るか決めていかなければいけません。

例えば、ランドセルを例にあげてみましょう。昔のランドセルには、黒と赤の2色しかありませんでした。機能も形も、ほとんど同じ。まさに、ニーズは一元的でした。

しかし、今はどうでしょう。カラーバリエーションは多岐にわたり、装飾デザインが豊富なものやランドセルとは思えない形のものもあります。その中でも、人気があるものと、まったく売れないものに二分されているのです。

大量生産すれば売れた時代においては、常識や指示を理解できる基礎学力さえあれば、言われたとおりに黙々と作業をこなすことができれば事足りていました。そこに、他者とのコミュニケーションは必要なかったのです。

しかし、どんなランドセルが売れるのかわからず、ニーズを手探りでつかむ時代には、「保護者は、こうしたものに敏感だ」「子どものなかでは、こういったことが流行っているようだ」など、自分の経験や学びをもとに考えを巡らせて、他者とコミュニケーションをしながら企画を練り、新たな物事をつくりださなければなりません。

経営学的にいうと、マーケティング担当者や開発者、営業部、コスト管理部門、物流調達部門など多様な社員が、自分たちの持っている情報やアイディア、知見などを対話により交換していかなければいけないでしょう。基礎学力を前提とすることは変わりませんが、各部門の専門的知識・技能を持ったうえに、さらに、対話できるコミュニケーション能力、人を巻き込む力、みんなで新しいものを生み出していく創造性が必要になるのです。これらはできるだけ早い時期から、対話経験や創造経験を

積んでいかなければ身につきません。人々と対話をしながら、創造を愉しむことのできる人材が求められています。

【2】異文化を愉しみ、多様性に耐える力

日本の少子高齢化とグローバル化が進むと、国内から海外へ市場が移ります。モノを売り、市場を開拓するためには、海外に出て行く必要があります。

また、日本から一歩も出なくとも流入する外国人との接点を避けては通れません。こうした社会で求められるのは、異文化に愉しみながら適応しつつ、「多様性を耐える力」です。

一般に自分とは異質な他者と向き合うことは、人間にとってストレスです。しかし、違いをいかに受け入れて、歓迎し、協働する前向きな力へと変えていくことができるかが、今後は求められるのです。

【3】自らの仕事人生と向き合い、学び続ける覚悟

仕事人生が延長していく社会では、学び続けていかなければ、社会に求められる人材であることはできません。これからの社会では、会社にしがみついていれば、一生安泰であるという図式が成り立ちにくい状況が生まれます。同じ組織にいる・いないにかかわらず、自分の能力やスキルを、なるべく高度に、環境に合わせた形で変化させていくことが求められます。

そのときに必要なのは、自分の仕事人生と向き合う覚悟であり、環境変化に合わせて学び続ける覚悟です。自分の仕事人生を親任せ、先生任せ、学校任せにするのではなく、自分自身で社会に触れ、自分自身で切り開くきっかけをつくり出していくことが求められます。

もうおわかりいただけたと思うのです。アクティブ・ラーナーへと育てる、アクティブ・ラーニングの授業は、単なる「教育業界の流行」ではないのです。かつて流行していた「教育運動」がここぞとばかり、アクティブ・ラーニングという新しい革衣を身にまとい、息を吹き返すためのものでもないのです。息を吹き返すためのよいきっかけでもないのです。

アクティブ・ラーニングとは、「仕事を続けながら明るく愉しく生きる術」を子どもに獲得させることに他なりません。社会で仕事をしていくうえで必要になる経験を前もって獲得させておくことが非常に重要です。

「All be active learners.」に向けて

最後に本書の構成を述べます。

本書が、アクティブ・ラーナーを育てる先生方のお役に立てるように、構成には精一杯の工夫を凝らしました。

第1章では、5つの学校事例を紹介していきます。

事例の1つ目は、岩手県立一関第一高等学校の藤田早苗先生の英語の授業です。従来型の予習前提の英語授業を廃し、初見で英文を読み、理解することを重視しています。授業はオールイングリッシュで、アウトプット中心。これにより、4技能をバランスよく培いながら、生徒の「学びたい」という意欲を引き出すことができています。

2つ目の事例は、東京都立調布北高等学校の飯塚理子先生の国語の授業です。個人ワーク、ペアワーク、グループワークを効果的に使い分けて、生徒の学びを芳醇なものとしています。

特に注目いただきたいのは、グループワークを通して、リーダーシップを養うことを重視している点です。飯塚先生が意味するリーダーシップとは、「メンバー全員がそれぞれの役割を認識してチームに貢献すること」。授業の最後には、リーダーシップに関するリフレクションをシートに記入します。

３つ目の事例は、静岡県立浜松北高等学校の大村勝久先生の数学の授業です。生徒たちにとって身近な「体育祭」を問いのテーマとし、ＩＣＴの活用を進めながら時間の効率化とビジュアルによるイメージ的理解を促し、授業の密度を高めることに成功しています。

４つ目は、化学の事例で、宮崎県立五ヶ瀬中等教育学校の西山正三先生の授業にお邪魔しました。この授業の冒頭、先生はまったく口を開きません。生徒は、教卓に伏せて置かれた「指令書」をもとに授業に参画します。冒険の旅が始まるように授業がスタートするのです。同校は、全寮制で探究学習を全国に先駆けて推進してきた公立の中高一貫校。これまでも、ヒントを足がかりに調べ、粘り強く考え続ける力などを学校全体で培ってきたことが、この「指令書」による授業に活きています。

５つ目の事例は、神戸大学附属中等教育学校の高木優先生の地理の授業です。個人の頭で考える活動とグループ学習を有機的に結びつけ、生徒に社会的な課題と対峙させます。最後には、社会問題の解決策として最も有効だと考える術をワークシートにまとめ、提出。生徒は社会的な課題を「誰かが解決するもの」ではなく、「自分が主体的に挑むもの」として捉えることができるようになります。

以上の５つの事例から、自校の授業実践に生かせるヒントをぜひ拾い上げていただけると幸甚です。

第２章は、アクティブ・ラーニングにおいて押さえるべきポイントを紹介します。例えば、「『アクティブ・ラーニング』を取り巻く５つの誤解」は、①教師は授業中に黙って教壇から下りるべし⁉　②教科内容よりも汎用的能力を優先させるべし⁉　③学校では協働的学習を主軸にすべし⁉　④講義＋活動で、教師の負担増大を覚悟すべし⁉　⑤アクティブ・ラーニングという方法論を学ぶべし⁉　からなります。この章では、特に先生方同士の会話の種にしていただける「対話の素材」を掲載しました。本書が提供しうるのは、アクティブ・ラーニングをテーマとした「対話の素材」です。ぜひ、気の置けない先生同士で、そうした対話をお楽しみいただけるとうれしく思います。

さらに、この章の後半では、４つのワークをご紹介します。授業を構造化するのに、非常に有効なワークをピックアップしましたので、ぜひ取り組みながら読み進めてください。

第３章では、「現場から語るアクティブ・ラーニング」というテーマで、先生方に対談をお願いしました。

参加者は、広島女学院高等学校の安宅弘展先生、三重県の鈴鹿中学校・高等学校の岩佐純巨先生、東洋大学京北中学高等学校の神戸和佳子先生、そして私、中原です。学校にとって必要なものは何か、地に足をつけて考えていくにはどうしたらよいか、スクールアイデンティティから落としこまれたアクティブ・ラーニングとは……などを、それぞれの学校状況をふまえてお話しいただきました。アクティブ・ラーニングについてのもやもやした気持ちを、わくわくに変えられるような先生方のお声が満載です。

第４章には、「高等学校におけるアクティブラーニングの視点に立った参加型授業に関する実態調査２０１５」の結果を掲載します。ただし、数字だけではどうしても無機質になるので、本調査に関わった3人のナビゲーターが解釈しながら対談する構成にしています。これをもって、研究報告とさせていただきたいと思います。（実態調査２０１５の報告書は、こちらからすべてご覧いただけます。http://manabilab.jp/japan）

本書やマナビラボの活動を通じて、アクティブ・ラーナーを育てる学校が、ますます増えていくことを願ってやみません。そして、ぜひ先生方ご自身もアクティブ・ラーナーであり続けていただけると幸いです。

この本が、現代社会で生きるすべての人たちがアクティブ・ラーナーとして歩む一助となれば幸甚です。

「All be active learners.」こそ、私たちの願いです。

「願い」は所詮「願い」に過ぎないのかもしれません。

しかし、「現実に叶うもの」は「願い」しかないことも、また事実です。

最後に、志に賛同し、本書を一緒に作り上げてくださったみなさまに、心からの感謝を申し上げます。

取材にご協力くださった、藤田早苗先生、飯塚理子先生、大村勝久先生、西山正三先生、高木優先生。また、座談会にご参加くださった岩佐純巨先生、安宅弘展先生、神戸和佳子先生。日々のご指導にお忙しいなか、ご協力をいただきましてありがとうございました。心より感謝いたします。

さらに、「高等学校におけるアクティブラーニングの視点に立った参加型授業に関する実態調査２０１５」にご協力くださった全国の２４１４校の高校にいらっしゃる約2万人の先生方、日本の高校教育を正確に把握するうえで貴重なデータを得ることができました。心より感謝をいたします。

本調査の分析をサポートいただいた筑波大学大学院　小山田建太さま、東京大学大学院　伊勢坊綾さま、ご支援いただきましてありがとうございました。

日本教育研究イノベーションセンター（JCERI）の信實秀則さま、山本康二さま、高井靖雄さま。学校法人河合塾の成田秀夫さま、谷口哲也さま、船津昌己さま、伊藤寛之さま、赤塚和繁さま、石鍋京子さま、近藤宏樹さま、片山まゆみさま。プロジェクトへのご協力、感謝申し上げます。

制作でご協力いただいた、ライターの友野伸一郎さま、井上佐保子さま、佐藤智さま。カメラマンの松尾駿さま、沼尻淳子さま、西山俊哉さま。デザイナーの三宅由莉さま。イラストレーターの加納徳博さま。おかげさまで、先生方にお届けする一冊を仕上げることができました。

そして、北大路書房編集者　奥野浩之さま。本企画にご賛同いただき、常に伴走者としてサポートいただきまして、ありがとうございました。

プロジェクトは「着想」から始まります。

しかし、それが「現実」のものになるためには、多くの方々のご協力やご尽力が不可欠です。

本書を、マナビラボにご協力いただいたすべての方々にお贈りします。

２０１６年12月30日　帰省先の北の大地にて

中原　淳

マナビラボ・プロジェクト宣言

東京大学 大学総合教育研究センター 中原淳研究室と日本教育研究イノベーションセンターは、日本全国の高校で授業をなさっている先生方が、その授業をさらに「インタラクティブ」に、さらに「知的にわくわく」したものにするお手伝いをさせていただきたいと願い、「マナビラボ」プロジェクトを立ち上げました。

マナビラボプロジェクトでは、主に、下記の3つの活動にラボメンバー一同で従事しています。

❶日本全国の高校のアクティブ・ラーニングの実態」を「見える化」するべく、モニタリング調査を行わせていただくこと

❷アクティブ・ラーニングの視点に立った高校の先進的な授業実践事例を収集し、多くの人々に知っていただく機会をつくりだすこと

❸それらをWebや本書のような書籍で世に広く問い、アクティブ・ラーナーの育成に貢献すること

なお、マナビラボ立ち上げに際して、私たちは、下記の5つの信念を持っています。この5つの信念は、私たちが私たちたる由縁であり、「マナビラボ・プロジェクト宣言」と形容してもよいものです。

本書をしたためるにあたり、この宣言に立ち返ることをもって、私たちは自らのアイデンティティを確認します。

私たちの1つ目の信念は、アクティブ・ラーニングを「新しいもの」とは「みなさない」という信念です。

活動を始めてからというもの、高校の先生方にも様々なヒアリングなどをさせていただきましたが、強く感じたのはアクティブ・ラーニングという言葉に対する強い拒否感、あるいはやらされ感でした。多くの先生方が思っているのは「確かに新しいけれど、今までだってあったよね」というものです。

マナビラボでは、多くの心ある先生方がお取り組みになってきたアクティブな授業を「再発見」し、多くの人々により知っていただくお手伝いをさせていただこうと思っております。

私たちは、アクティブ・ラーニングを「新しいもの」であるとはみなしません。それは心ある教員の方々が、これまでも追求してきたものであり、かつ、今後の社会を生き抜く人材にとって重要な学習機会であると考えます。

2つ目の信念は「私たちはパブリックを目指す」というものです。昨今、巷では、アクティブ・ラーニングが大きな流行ともいえる状況になっているわけですが、それを「商業化」のチャンスとみなす人も少なくありません。海外で仕入れた「洋風の手法」を日本に適用し、それをもって現場を塗り替えることを企図するものもあります。

あるいは、これまで特定の手法で教育運動を主導してきた教育業界の運動主が、自らの運動に「アクティブ・ラーニング」という新たなコーティングを施して、自分の教育運動を普及させたり、再活性化させたりしようとしているのが見て取れます。アクティブ・ラーニングで「一旗揚げよう」という人もいないわけではありません。

私たちは誰一人として、アクティブ・ラーニングの「専業の研究者」ではありません。マナビラボプロジェクトのメンバーは、人材開発研究をしている人、哲学研究をしている人、高等教育を研

究している人など、多岐にわたります。

それぞれの立場から、「新たな学びが高校に必要だ」と感じ、自らの研究のかたわら、この仕事をしています。私たちは、よりパブリックな立場から、アクティブ・ラーニングを元気にするお手伝いをしたいと思います。

私たちは、これからを生き抜く子どもたち、そして、そうした子どもたちと日々相対する先生方のためのパブリックな活動に従事します。

3つ目の信念は、これからの学びを考えるときの姿勢です。

これからの学びのあり方を議論する際には、教育機関だけを取り出して考えるのではなく、「社会と教育機関とのつながり」を考えて取り組むべきであると、私たちは信じています。

例えば、高校を変えていかなければならないというのは、大学入試、その先の大学での教育、さらにその先の社会と、トータルに考えていく必要があります。そして、そこでの移行を円滑に進めていくということを目的にする必要があります。つまり、高校をひとりぼっちにしないということです。私たちは、志ある高校の授業を、社会につなぐお手伝いをさせていただきます。社会の心ある人々は、教育現場で日々格闘なさっている先生方と、適切なかたちで出会い、願わくば協力をしたいと思っています。これまで、多くの教育運動は「教育の世界」の独自性を主張するあまり、「教育」と「教育以外」の世界の「境界」を強固にし、固定化してきました。私たちは、そうした視点を一切とりません。教育のあり方を、社会や仕事のあり方と接続して考えます。とりわけ、高校での教育は「仕事人生の入り口」であるという視点を持ってプロジェクトに当たります。

4つ目の信念は、私たちは「見える化」にこだわるということです。

例えば、教育制度の決め方がいわゆる審議会・協議会方式になっていることに代表されるように、教育改革談義・議論というのは、どうしても印象論・理念論で進んでしまいます。私は、今あるものを「見える化」できていないまま、それを適切に「変えること」はできないと思います。

「イメージ」できないものは「マネージ（管理）」できません。またイメージできないものは「達成」すらできないのです。なぜなら、「達成したかどうか」もわからないからです。

教育の世界において生産的な議論を起こしていくのは、数字であり事例です。私たちは、アクティブ・ラーニングにまつわる数字や事例を「見える化」するお手伝いをします。

私たちは、印象論や理念論で語りません。しっかりとしたエビデンス（論拠）に基づき、物事を語る姿勢を持ちます。

最後の5つ目は、私たちは「対話の素材」を現場の先生方に提供したいということです。「現場を変えうる力」を持っているのは、私たちではありません。現場を本当に変えうる力を持っていらっしゃるのは、日々現場に立っておられる先生方の献身的な努力です。しかし、これまでの教育運動は、現場で日々相対している人々を「エンパワーメント（湧活、元気づけ）」するどころか、意欲を減退する方向で行われてきました。

私たちは「無力」です。

私たちに為しえるのは、現場の改善や日々の実践に邁進しておられる先生方が、日々の実践を振り返ったり、新たな物事を構想していくときに必要になる対話の素材を提供することです。

本書やプロジェクトをすすめるにあたり、以上の事柄を、私たちは宣言いたします。

マナビラボ・プロジェクトを代表して

中原　淳

目次

2

ワークで見つめるアクティブ・ラーニング
「自校流」授業をカスタマイズしよう

3

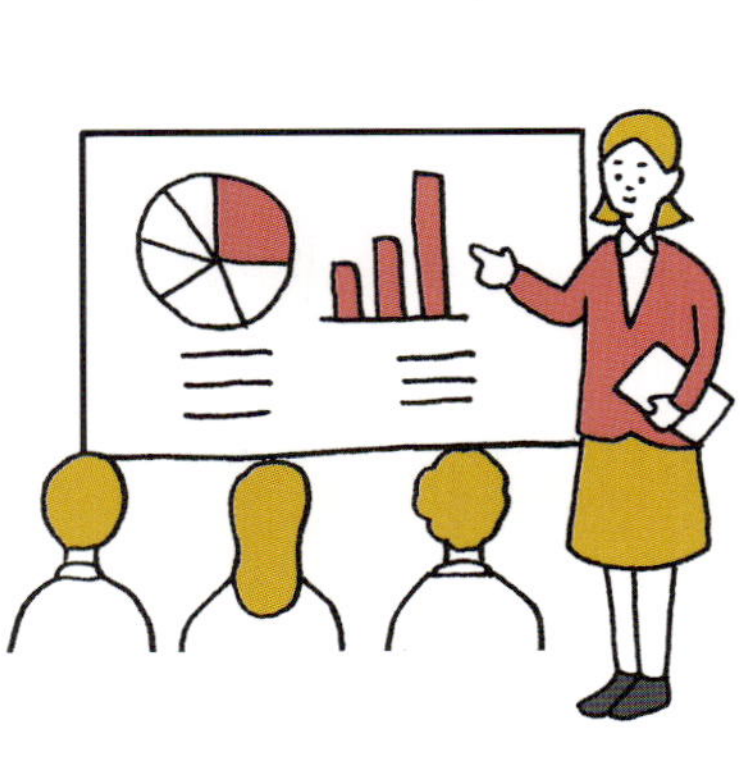

データでみるアクティブ・ラーニング　全国高校実態調査 2015

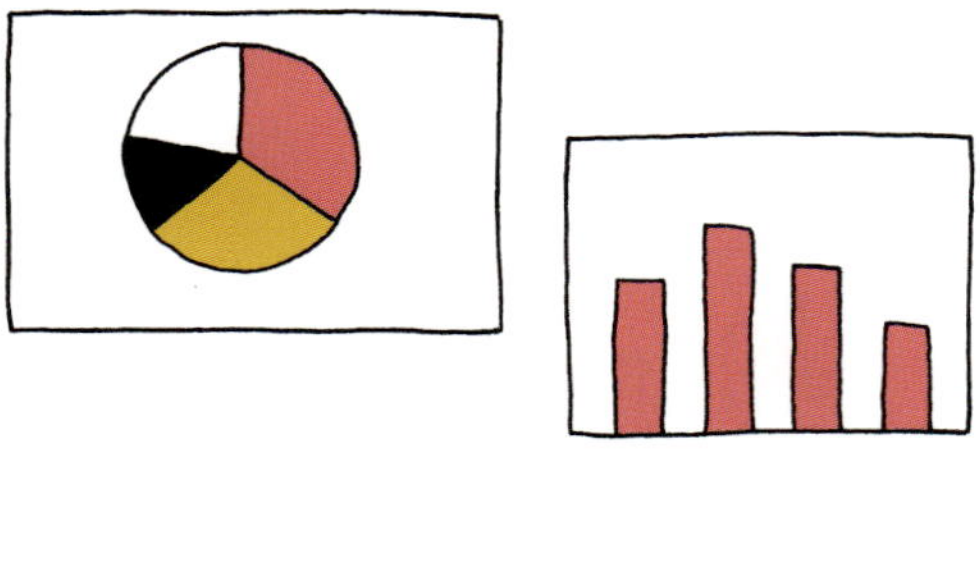

【編集部注】
読みやすくするために４章は他章と独立させて横組みにし、本の後ろから読んでいただくようにしてあります。

Active Learning in Classrooms

ケースで感じるアクティブ・ラーニング

授業レポート

❶【外国語】岩手県立一関第一高等学校　藤田 早苗　先生

❷【国語】東京都立調布北高等学校　飯塚 理子　先生

❸【数学】静岡県立浜松北高等学校　大村 勝久　先生

❹【理科】宮崎県立五ヶ瀬中等教育学校　西山 正三　先生

❺【地理歴史】神戸大学附属中等教育学校　高木 優　先生

外国語（英語コミュニケーションⅢ）　3年生

岩手県立一関第一高等学校
藤田　早苗　先生

予習を前提とせず、初見で英文の理解に臨む。アウトプット中心の授業で、生徒がフルに活性化する。

Forest

4回1セットの授業 最後に学習内容を生徒が実践

授業が始まる前から、教室では3人1グループになって相談している姿が目につく。画用紙にいろいろと書き込んでいるグループもある。

今日の授業は、4回で1セットとなった授業の最終回である。今までの3回の授業で学んできた教科書の内容を踏まえて、今度は自分たちで実際に活用してみるというのが課題だ。黒板には、下図のように本時のゴールが示されている。

教科書の内容は、スタンフォード大学のある授業で起業家精神を育てるために、「5ドルと2時間を与えるので、一番お金を稼げる方法を考えてプレゼンテーションしなさい」という課題が出されたというもの。ティナ・シーリグによるベストセラー『What I Wish I Knew When I Was 20（20歳のときに知っておきたかったこと：スタンフォード大学集中講義）』で紹介された授業である。優勝したアイデアも含めて、その授業とプレゼンテーションコンテストの模様が説明されている。

これまでの3回の授業では、次のようなことがすでに行われている。まず1回目の授業では教科書の1000語超の長い文章を300語程度に要約したサマリーを10分で読んで、正誤問題を解く。そしてペアワークで議論しつつ、答え合わせをする。次に20分かけて教科書の本文を読んで、その内容確認問題に取り組む。これも生徒同士で議論しつつ答え合わせをするが、ここでは指名された生徒が黒板に書いてクラス全体で共有している。

2回目の授業では単語を調べて覚える。これも生徒はペアを組んで、1人が問題を出して、もう1人が英語で答えるという練習をゲーム感覚で徹底的に行う。その後、クラス全体で音読をする。ここでは一度読んだ後に顔を上げてそら読みをする「read and look up」や、読んだ箇所の翻訳を行う「site translation」といった手法が取り入れられている。

こうしたプロセスを経て、宿題として「500円と2時間を与えられたら、自分ならどうやってお金を稼ぐか」を英語で各自が考えてくる。

そして、3回目の授業で、3人のグループ内で全員が自分のアイデアを発表し、グループ内で一番優れていると思うアイデアを1つ選んでグループ全員でブラッシュアップする。それをプレゼンテーション用に画用紙にまとめてきて、今日の4回目の授業に臨んでいるというわけである。

画用紙のまとめには、箇条

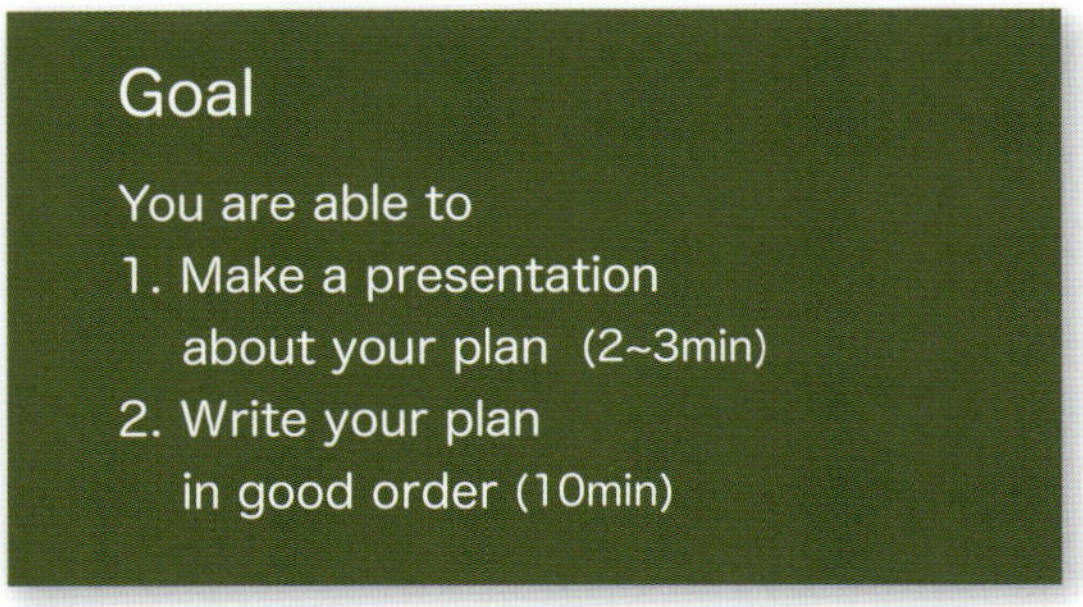
Goal
You are able to
1. Make a presentation
about your plan (2~3min)
2. Write your plan
in good order (10min)

Write your plan
in good order. (10min)
① Content

書きでも文章でも図や絵を使っても構わない。授業前に画用紙に書き込んでいた生徒たちは、その宿題がまだ終わっていなかったということらしい。

グループでの練習後にいよいよプレゼン開始

ここからが、いよいよ授業のスタートである。

1. Content
2. Delivery
3. Volume
4. Eye contact

黒板には大きなタイマーが貼り付けられていて、「1.Content 2.Delivery 3. Volume 4. Eye contact」とあらかじめ書いてある。プレゼンテーションでは、内容、話し方、声の大きさ、アイコンタクトが大切だという注意書きである。

今回の授業では2つのグループでペアを組んで相互にプレゼンテーションを行う。そして、ペアを組むグループを変え、かつ発表者を変えて、計3回のプレゼンテーションを行う。1グループは3人なので、生徒全員が1回ずつ発表することになる。

授業はオールイングリッシュで行われる。"Today we are going to try solving a Stanford University assignment."と先生が奮起を促す。

まず、ワークシートが配られ、5分間の練習時間が与えられる。にぎやかなグループもあれば、静かなグループもある。ほとんどのグループが英語でプレゼンテーションの練習をしているが、グループ内での会話は日本語が多い。「そこが少しわかりにくい」などの声が聞こえてくる。画用紙の裏に、台本のように英語で文章を書いているグループもたくさんある。

5分間の練習時間が終わっても、まだ生徒たちは話し続けている。そこで、"Do you want to practice more?"と先生。生徒たちからは一斉に"Yes!"の声。そこでさらに3分間の練習時間が与えられた。

いよいよプレゼンテーションの開始である。クラス39人が13グループに分かれており、2グループずつのペアになると1グループ余るため、助っ人の先生1人が加わって、1グループの相手をする。プレゼンテーションの時間は3分間である。

13グループが同時にプレゼンテーションを行うので、教室は騒々しくなる。それでも、各グループは相手の発表内容に集中し、うなずきつつ聴いている。1人が終わるとグループで小さな拍手が起こる。プレゼンテーションの英語は、まだたどたどしさも感じられるが、あまり臆している印象はない。日本人同士が英語で話すことには、ある程度慣れている様子がうかがえる。

藤田先生は、ここ数年間ずっと3年生の英語を担当しているため、この生徒たちは1・2年生の時にはこのような授業をあまり経験していない。それがたどたどしく感じる原因かもしれない。しかし一方で、同校では他の先生の授業もほとんどオールイングリッシュで行われているの

で、おそらくそれが臆している感じがしない原因なのだろう。

相手を変えて 全員がプレゼン 4つの観点でピア評価

あるグループのプレゼンテーションでは、「行列ができている繁盛店を探して行列に並び、順番取りで報酬を得る」というアイデアが披露される。3分経つと、今度は入れ替わってもう1つのグループがプレゼンテーションを行う。「百円ショップでビーチボールや浮き袋の空気入れ、かき氷のシロップを500円以内で購入し、ビーチで空気入れを無料で使わせて人を集め、かき氷を売ってお金を稼ぐ」というアイデアを発表しているグループもある。

相互にプレゼンテーションが終わると、生徒たちはピア評価をシートに記入する。

そして、2回目のプレゼンテーションである。次は別のグループとペアを組む。そして、1回目とは別の生徒が発表を担当する。1回目の発表をよく聞いておいて、表現を真似てもいいし、自分のほうがもっとうまくできるなら改善してもいい。常に生徒たちの頭がフル回転している活気が感じられる。そして2回目のピア評価シート記入。

さらに3回目のプレゼンテーションが始まるが、ここで先生は1回の発表時間を2分間に縮めるように指示する。冗長な繰り返しになることを避けるのがねらいだ。常に、生徒の様子を見ながら緊張感や活性化の程度が維持されるよう気が配られている。

3回目のプレゼンテーションが終了すると、先生からは"Your creativity is excellent. But maybe, we still have a long way to go to reach the actual Stanford level."とのコメント。教室は爆笑に包まれる。

プレゼン内容を 個人で文章化 ピアチェックの後 提出する

残りの10分間で、自分たちが発表した内容を英語の文章にする。先生からは"Write in good order."と指示が出る。「1番目に、2番目に、そして最後に……」という書き方が大切であることが説明され、一転して教室は静かになって、鉛筆の音だけが聞こえる。

黒板には「1. Peer check 2. Rewrite 3. Submit」と書いてある。書き終わったら、隣の生徒と交換して、単語や文法的な誤りなどについてのピアチェックを受けている。

本来であれば、授業時間内にリライトと提出まで進む予定だったが、今回は練習時間を多く取ったため、次回の授業までの宿題となった。

話して、聞いて、考えて、書いて、最初から最後まで休む間もなく生徒は活動をしているが、ただにぎやかで楽しいだけではない。最後に発表内容を英作文にまとめることで、生徒はこれまでの4回の授業の内容を振り返りながら、自分の英語表現の中にそれを落とし込んでいくという組み立てになっているのだ。

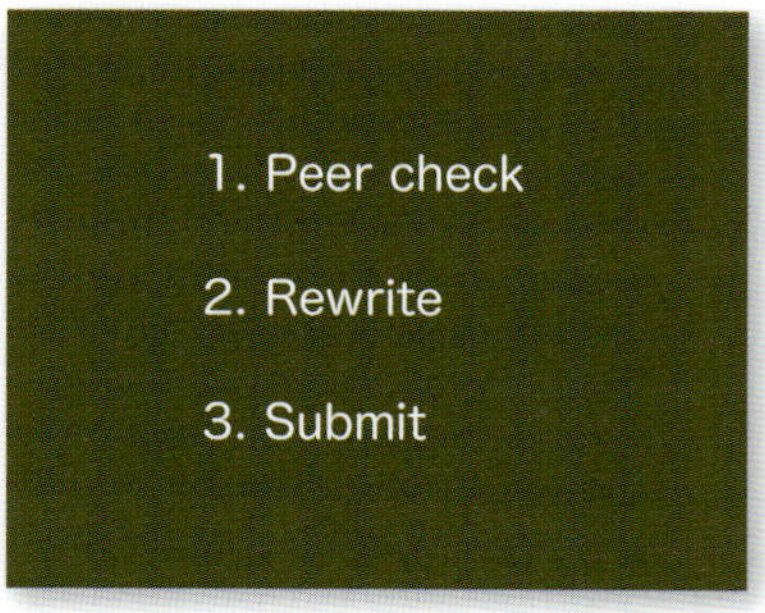

Task6:

Write your plan.

テーマ：What would you do to earn money if all you had was five hundred yen and two hours.

____

____

____

____

____

____

____

____

____

____

____

（　　　　　）語

Self Check!

□ 順序立てて書いてあるか　□ 主語があるか

□ 動詞が正しいか（動詞の三単現の s、動詞の時制等）

□ 不定詞・動名詞は正しいか　□ 単語のスペルミス

Self-Evaluation

1. 企画を順序立てて説明することができた。 A＝できた　B＝なんとかできた　C＝全くできなかった 2. 文法を正しく使うことができた。 A＝できた　B＝なんとかできた　C＝全くできなかった	全体自己評価 A　B　C

12th Grader English Worksheet

R&T ③ **What I Wish I Knew When I Was 20**

テーマについて自分の企画を発表してみよう

テーマ：

What would you do to earn money if all you had was five hundred yen and two hours.

Task6:

Listen to the other groups and evaluate.

Group (　　　)	Content	(A　B　C)
	Smooth delivery	(A　B　C)
	Volume	(A　B　C)
	Eye-contact	(A　B　C)
Group (　　　)	Content	(A　B　C)
	Smooth delivery	(A　B　C)
	Volume	(A　B　C)
	Eye-contact	(A　B　C)
Group (　　　)	Content	(A　B　C)
	Smooth delivery	(A　B　C)
	Volume	(A　B　C)
	Eye-contact	(A　B　C)

The best group is (　　　　　　　　) !

授業のタイムライン

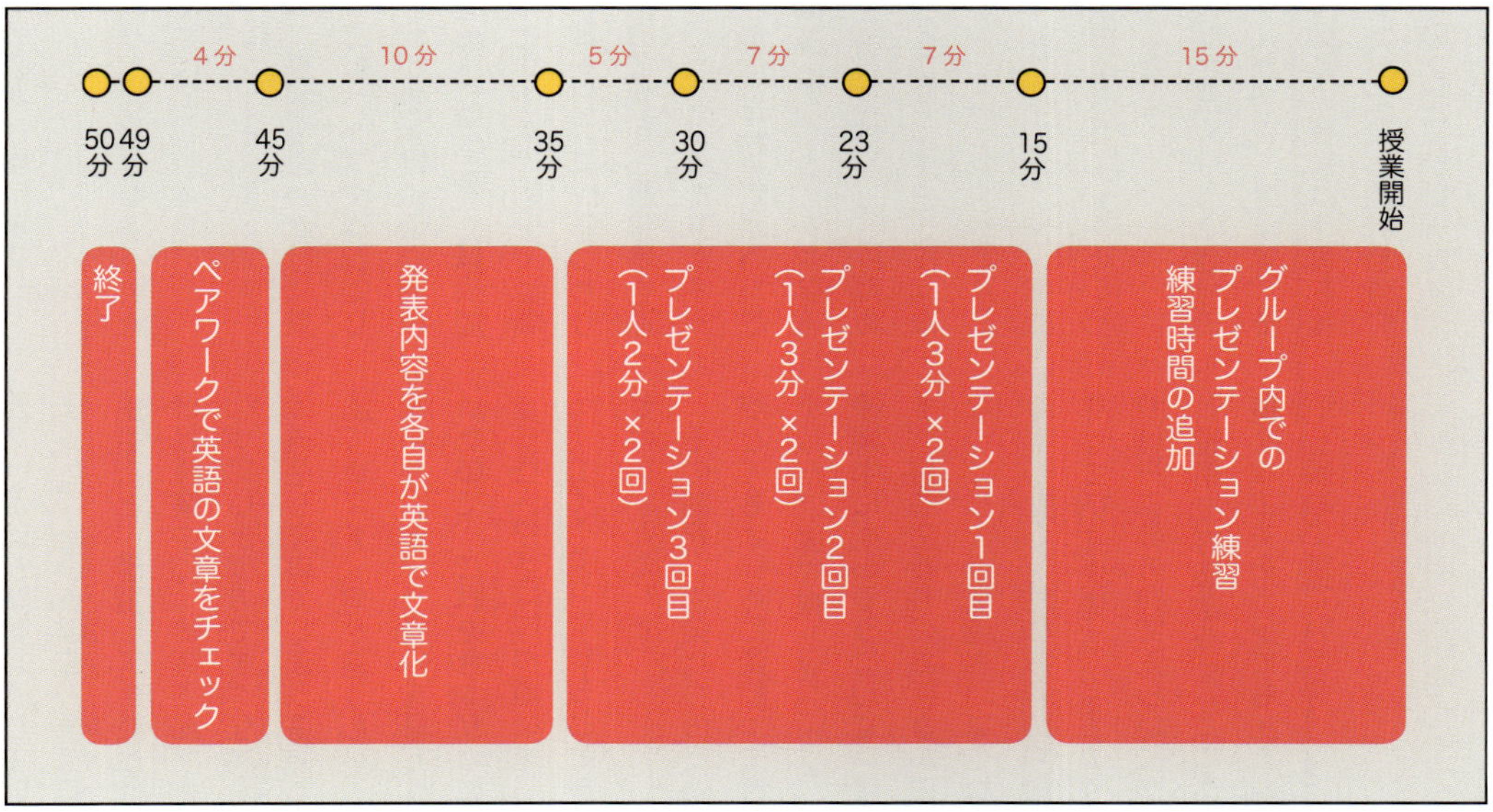

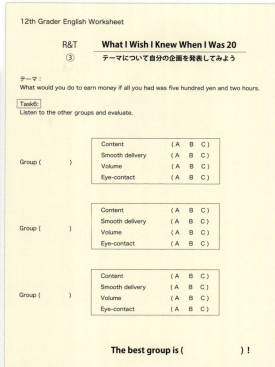

授業を終えて

先生に聞きました！

アウトプット中心にすると「もっと文法も学びたい」という気持ちになってきます。

藤田 早苗 先生

先生の授業スタイルのポイントを挙げていただけますか。

まず、教科書を教えるのではなく、教科書で学んだことに関連した内容のアウトプットを中心にしています。そのためにディベートを入れてみたり、社会問題についても「これは使えるかな」といつも考えたりして、私自身が、授業の仕掛けを考えることがとても楽しくなってきました。

それから、1・2年生では特に予習を前提としない授業を心がけています。予習を禁止しているわけではありませんが、入試は予習できるわけではありませんから、むしろ授業では初見で理解できることを大切にしています。

このような授業にすると文法軽視になるのではないかと心配される方もいますが、まったく逆なのです。アウトプットを中心にすると生徒は「もっといい英文を書きたい」「そのために、もっと文法も学びたい」という気持ちになってきます。

今までは、文法などをすべて教えてからアウトプットさせるという考えが英語指導では主流でしたが、それだと生徒たちは「間違ってはいけない」と恐れるようになってしまっていました。この順番を変えることで、いい方向に進んでいるのだと思います。

このような授業を始められたきっかけは何でしょう。

実は、最初のきっかけは県教委からのトップダウンでした。本校が岩手県の公立高校で初の併設型中高一貫校になったときです。自分では新しい授業を行っているつもりだったのですが、視察等を通じて、それではまだまだ不十分だと指摘されました。「ここでは県のリーダーとなる人材を育てたい。そのためにはTeacher centered（教師中心）ではなくStudent centered（生徒中心）な教育に転換してほしい」という要請でした。

教員歴が長くなると自分のスタイルができてきます。これまでの私の授業は予習前提型でした。ただ、自分自身でも「このままでいいのだろうか？」という疑問を感じていました。というのも、予習前提型だと、予習してきた生徒ほど授業中に「お客さん」になってしまうのです。なかには退屈して寝てしまう生徒も出てきます。「何か違うんじゃないか」という思いを感じていたので、これをきっかけに「変えてみよう」と思いました。「ダメだったらもとに戻せばいいんだ」と。

その結果、生徒たちの反応がとてもよい方に変わってきました。まず何と言っても、授業中に楽しそうにしています。寝る生徒も、お客さんになってしまう生徒もいなくなりましたし、他の教科の内職をしている生徒もいません。やはりこの方向で正しいのだと確信できるようになって、様々な工夫を自分でも加えながら進めてきています。

予習してきた生徒ほど授業中に「お客さん」になってしまう予習前提型の授業に疑問を感じていた。

どのように授業改善を進めてこられましたか。

英語科は学校内ではチームで授業をつくることが多いため、個人で変えようと思ってもなかなかできないことが多いのですが、私の場合は中核教員研修で県内の同じ志を持った教員とつながることができ、その後、学校を超えて彼らとともに授業改善に取り組むことができました。今では学校内の教員とも授業改善について話ができるようになり、非常にうまく進んでいると感じています。

今日の授業ではICT機器などを使われていませんね。

ICT機器があると便利なこともありますし、間もなく本校にも多くのプロジェクターが導入されますが、英語は生徒が肌で感じたり、体で覚えたりする部分が大きいと私は思っています。そうした思いもあって、チョーク1本とストップウォッチさえあればできる授業で、生徒たちを活性化させることにこだわっています。

生徒たちの伸びはどうですか。

中高一貫校一期生の高校3年間のデータを取りましたが、こうしたスタイルの授業にして以前よりも英語力が伸びていることが確認できました。

また、試験の答案用紙に授業への感想や注文を自由記述で書いてもらっているのですが、「ボケーっとする時間がない授業は疲れこそ感じますが、それ以上に有意義で楽しい」「中学校から英語は苦手意識を持っていたが、今期に入ってから少しずつ英文の意味がスーッと入ってくるようになり楽しくなってきた」などという感想が多いのも、手応えのひとつです。

卒業生からもアンケートをとっていますが、そこでも「こんな授業を経験していてよかった」「大学の英語の授業のほうがつまらない」という回答が多くあります。

いつも心がけているのは「自立・自律」した生徒の育成です。英語の学習は学校で終わるものではないので、いつでも自分で学び直せる生徒を育てたいと思っています。

ただし、受験に直接役に立たない授業だと思われると生徒たちのやる気が失せてしまうので、そうならないようにすることも大切です。常に生徒たちの知的好奇心を刺激し、大学でもこんな授業をしているということ、さらに大学の先の社会で必要とされるのも、ここで培っているような英語力だということを伝えています。

チョーク1本とストップウォッチさえあればできる授業で、生徒たちを活性化させる。

国語（古文）2年生
東京都立調布北高等学校
飯塚 理子 先生

グループワークで他者の考えを取り入れて、生徒の理解を豊かにしつつ、リーダーシップも育成する。

(E)
A
C
B
D
①成就するなりけり
断定「なり」用

ペアワーク、個人ワーク、グループワークを組み合わせる

今回の古文の授業は『大鏡』から「花山天皇の出家」の第四段落を扱う。17歳で即位した花山天皇が、外戚として権力を握ろうとする藤原兼家とその息子の道兼（粟田殿）の策略により19歳で出家させられる。その背景には花山天皇の妃である弘徽殿の女御が妊娠中に死亡したことへの失意もあったとされる話である。男女約半々の40人のクラスで、「古文」は理系文系に関わりなく必修となっている。

本時の指導案によると、授業の目的は「指示語の内容を明らかにしながら意味を考える過程で、自分の考えを他者と共有してブラッシュアップするとともに、外言としてきちんとしたかたちで表現すること」である。また授業の構成としては、「ワークシート」に沿って課題1から課題4があり、間に音読が挟まれ、最後にリフレクションが行われる。大きく5つのパートで構成され、ペアワーク→個人ワーク→グループワーク→個人ワーク→ペアワークと、様々な活動が織り込まれている。

前回の内容を1分間で相手に伝える

授業が始まると、まず先生から「連休を挟んでの授業なので、最初におさらいをしましょう」と声がかかる。これが課題1である。具体的には、前回の第三段落の内容を、生徒2人でペアになって1分で相手に説明すること、次いで粟田殿相手の生徒が1分で、花山天皇に対して「出家をやめるべきではない」という趣旨の発言をした理由を説明する。

先生の「さあ相手とアイコンタクトをとって」の声で、生徒たちは横を向いて向かい合い、ペアワークの相手を確認し、一斉に第三段落の内容を自分なりにまとめて話し始める。前半はほぼ1分間しゃべり続けていたのに対して、交代しての後半の1分は内容がかなり高度になるためか、30秒を過ぎたあたりから教室は静かになる。話すことが尽きてしまったようだ。

この合計2分間は前回までの内容をおさらいして理解を深めるだけでなく、本時の授業全体へのウォーミングアップを兼ねている。

次に、ペアのまま音読し合う。先生からは「古文は助詞の切れ目がわかりづらいので、そこを意識することと、書かれていない主語を意識しながら読むように」との指示がある。全員が立ち上がって読み始めた。

この音読が終わったところで、先生から物語の内容についての補足が入る。

「当時は、出産の近い女性は宮中には居られないという決まりがありました。でも、花山天皇は、弘徽殿の女御が妊娠しても里下がりをなかなか許しませんでした。寵愛が過ぎたんですね。その妃が妊娠中に亡くなったことが、花山天皇が19歳で出家した原因のひとつでした」

当時の時代背景と宮中のしきたりを説明することで、古文の描く世界への理解を深めるのがねらいだ。

個人ワークで穴埋め問題 ペア、全体で答えを確認

次は、ワークシートの課題2の穴埋め問題に個人で取り組む。この穴埋めは、古文の現代語訳だ。時間は10分間で、早くできた生徒は課題3の品詞分解にも取り組む。ここで

教室は打って変わって静かになった。教科書を見ている生徒が多いが、なかには電子辞書で言葉を検索している生徒もいる。

先生からは「弘徽殿の女御が亡くなっているということと、粟田殿が花山天皇を策略にはめようとしていることの2つを念頭に置いて考えると埋まると思います」とアドバイス。

多くの生徒は穴埋めも早く終わり、課題3まで進む。

そして「最初のペアワークとは別の人と組んで、答え合わせをしましょう」との指示。方々を向いて答え合わせをした後に、2～3分ほど先生とのやりとりがある。

生徒を指名して「『さやけき影』の『影』とは何ですか」と質問。

生徒「月の光です」

こうして10個の穴埋めの正解をやりとりで確認する。

さらに課題3の「（わが出家は）成就するなりけり」の品詞分解の答えも同様にやりとりのなかで確認していく。

リーダーシップの目標を設定してグループワークに取り組む

一気に教室の中が活性化するのは、次の課題4に取り組むグループワークが始まった

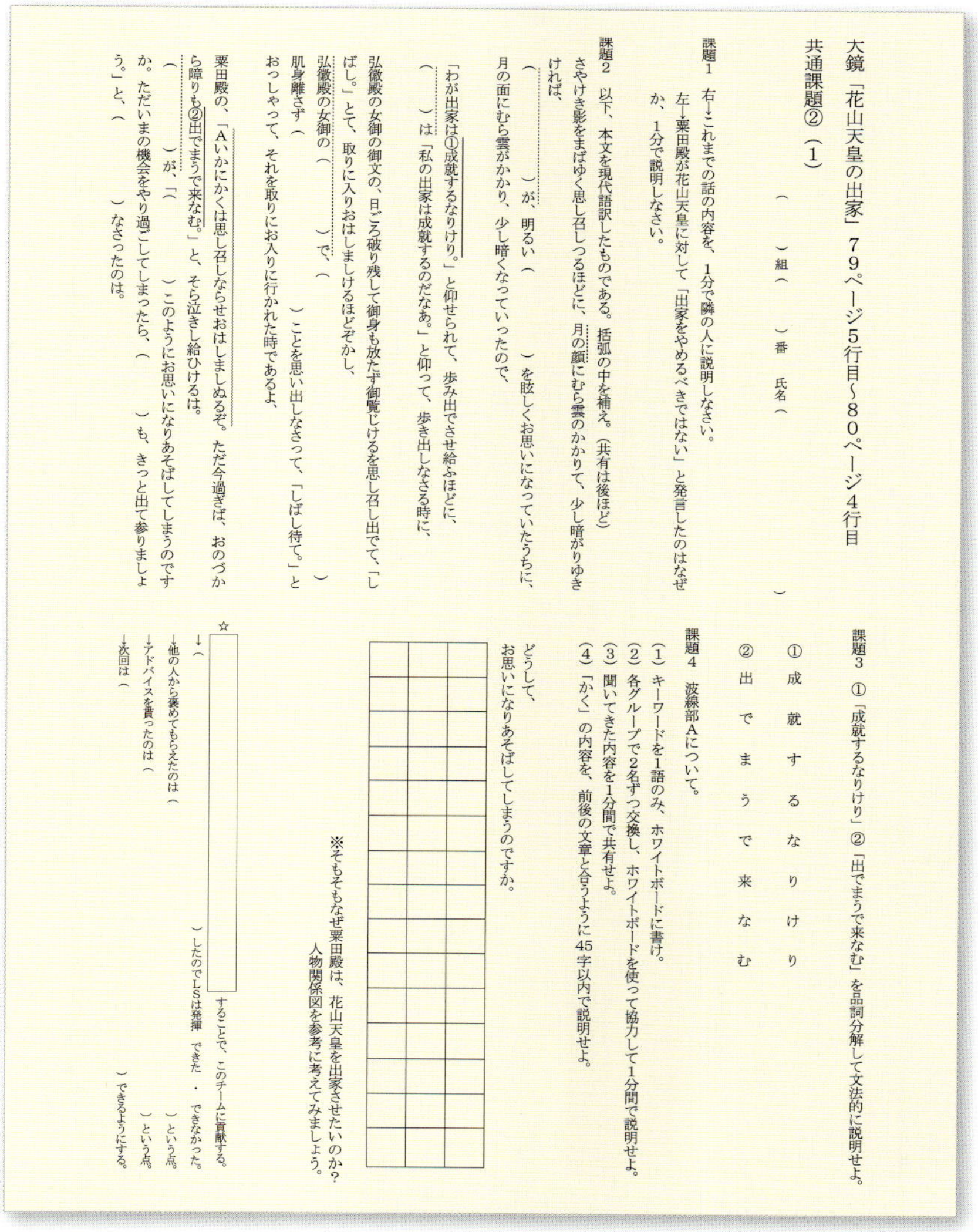

大鏡「花山天皇の出家」79ページ5行目～80ページ4行目

共通課題②（1）

（　　）組（　　）番　氏名（　　）

課題1　右→これまでの話の内容を、1分で隣の人に説明しなさい。
左→粟田殿が花山天皇に対して「出家をやめるべきではない」と発言したのはなぜか、1分で説明しなさい。

課題2　以下、本文を現代語訳したものである。括弧の中を補え。（共有は後ほど）
さやけき影をまばゆく思し召しつるほどに、月の顔にむら雲のかかりて、少し暗がりゆきければ、
（　　）が、明るい（　　）を眩しくお思いになっていたうちに、月の面にむら雲がかかり、少し暗くなっていったので、
「わが出家は①成就するなりけり。」と仰せられて、歩み出でさせ給ふほどに、
（　　）は「私の出家は成就するのだなあ。」と仰って、歩き出しなさる時に、
弘徽殿の女御の御文の、日ごろ破り残して御身も放たず御覧じけるを思し召し出でて、「しばし。」とて、取りに入りおはしましけるほどぞかし、
弘徽殿の女御の（　　）で、（　　）肌身離さず（　　）ことを思い出しなさって、「しばし待て。」とおっしゃって、それを取りにお入りに行かれた時であるよ、
粟田殿の、「Aいかにかくは思し召しならせおはしましぬるぞ。ただ今過ぎば、おのづから障りも②出でまうで来なむ。」と、そら泣きし給ひけるは。
（　　）が、「（　　）このようにお思いになりあそばしてしまうのですか。ただいまの機会をやり過ごしてしまったら、（　　）も、きっと出て参りましょう。」と、（　　）なさったのは。

課題3　①「成就するなりけり」②「出でまうで来なむ」を品詞分解して文法的に説明せよ。
①成　就　す　る　な　り　け　り
②出　で　ま　う　で　来　な　む

課題4　波線部Aについて。
（1）キーワードを1語のみ、ホワイトボードに書け。
（2）各グループで2名ずつ交換し、ホワイトボードを使って協力して1分間で説明せよ。
（3）聞いてきた内容を1分間で共有せよ。
（4）「かく」の内容を、前後の文章と合うように45字以内で説明せよ。

どうして、
お思いになりあそばしてしまうのですか。

※そもそもなぜ粟田殿は、花山天皇を出家させたいのか？
人物関係図を参考に考えてみましょう。

☆（　　）することで、このチームに貢献する。
→（　　）したのでLSは発揮　できた・できなかった。
→他の人から褒めてもらえたのは（　　）という点。
→アドバイスを貰ったのは（　　）という点。
→次回は（　　）できるようにする。

ときである。

生徒たちはすばやく机を動かして、4〜5人のグループをつくる。そして、ワークシートにグループワークにおけるリーダーシップの態度目標を記入する。ここでいう「リーダーシップ」とは、役職や権限の有無にかかわらず、メンバー全員が個々で発揮することのできるリーダーシップのことである。「○○することで、このチームに貢献する」の○○を、各自が決めて記入するのだ。その間に先生は各グループに1枚ずつ小型のホワイトボードを配っている。

課題4は、まず「いかにかくは思し召しならせおはしましぬるぞ」について議論し、そこから考えられるキーワードを1語のみホワイトボードに書くことから始まる。すぐにキーワードを記入するグループもあれば、最後になって記入するグループもある。一度書いた言葉を消して、またしばらくして同じ言葉を書いているグループもある。最後にはホワイトボードに、「未練」「迷い」「ためらい」といったキーワードが並ぶ。「未練」と書いているグループが3グループと最も多いようだ。

次に、各グループから2名が他のグループに移り、移った先のグループで、なぜそのキーワードを選んだのかの説明を2分間で受ける。さらに、その2名が再びもとのグループに戻って、先ほど受けた説明内容を1分間でもとのグループのメンバーに報告して共有する。

そのうえで、「いかにかくは思し召しならせおはしましぬるぞ」の「かく」の内容を、45字以内で説明する課題に個人ワークで取り組む。

再び、教室は静かになる。「最低でも40文字以上が目標です。キーワードがどのように浮かんできたのか、細かいところまで書かないと45文字は埋まりませんよ」と先生からのアドバイスが飛ぶ。何人かは40文字近く書けているものの、多くの生徒たちは30文字程度にとどまっている。この45文字の答え合わせは次回の授業の冒頭に行うことになった。

リーダーシップの態度目標のリフレクション

　最後に、リーダーシップの態度目標についてのリフレクションである。

　ワークシートにどんな態度目標が記入されているのかを見ると、「辞書になる（知らない言葉が出てきたとき、誰かがすぐに調べればスムーズに進められるから）」「盛り上げる（静かだと話し合いもやりづらい）」「みんなに教えてもらう（積極的に発言する人が多いから）」「タイムキーパーになる」など、様々である。

　各自の態度目標について、本来であれば「他の人からほめてもらった点」「アドバイスをもらった点」「次回は○○できるようにする」という順番で、すべて振り返るのだが、今回は時間がなくなっているので、ペアになった相手のよかった点のみを伝えて終了した。

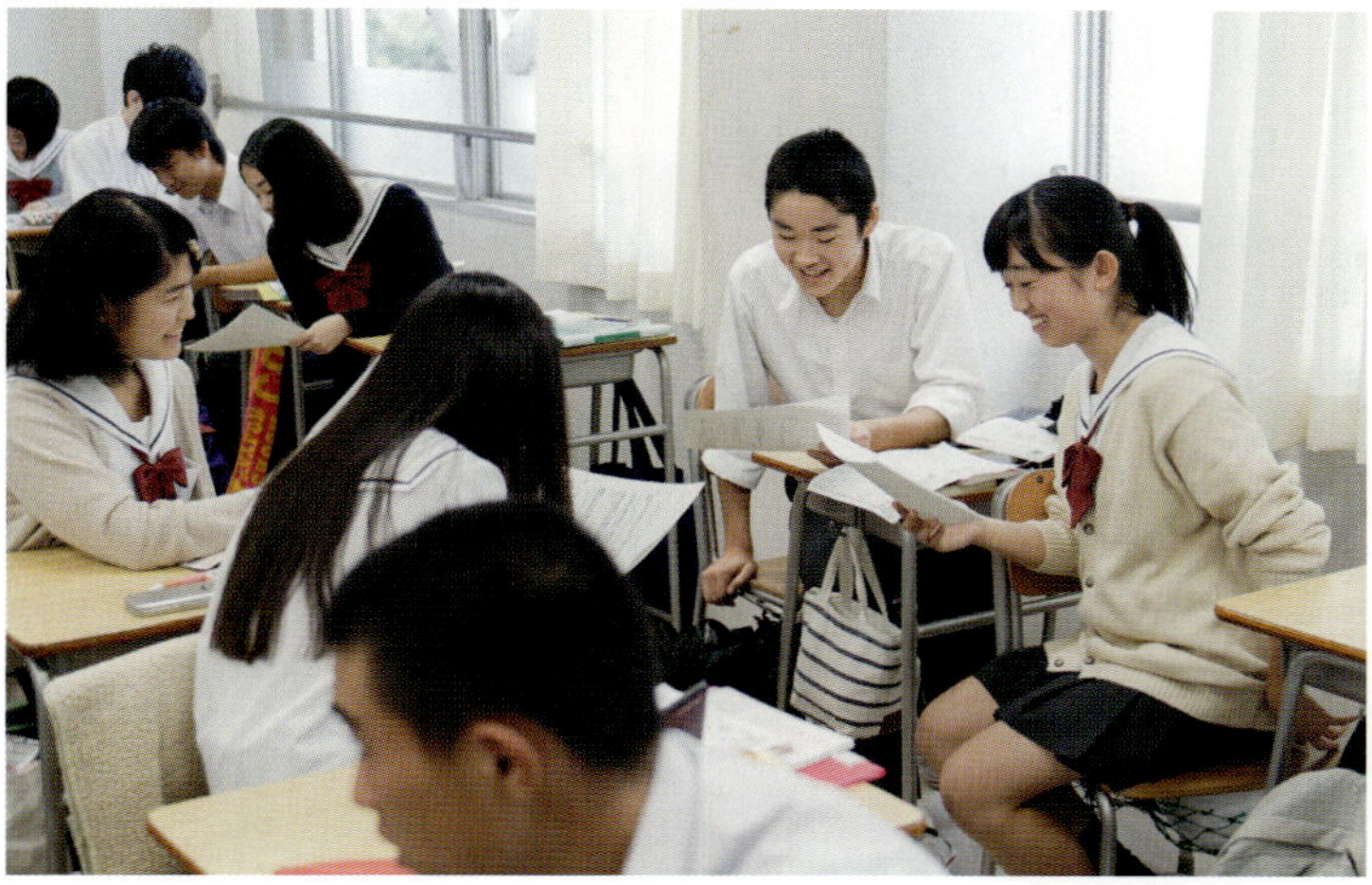

　生徒たちは、この一連の、ペアワーク→個人ワーク→グループワーク→個人ワーク→リフレクションの流れには慣れているようで、速やかに切り替え、それぞれのワークにすぐに集中している。クラスの全員が目標設定やリフレクションについても趣旨を理解し、しっかり考えて記入したり、相手に伝えたりしているのが印象に残った。

授業のタイムライン

時間	所要	内容
授業開始〜5分	5分	課題1 ペアワーク 1分間で相手に前回の内容を説明
5分〜10分	5分	教科書をペアで音読
10分〜20分	10分	課題2 個人ワーク 穴埋め問題
20分〜30分	10分	課題3 個人ワーク 品詞分解
30分〜38分	8分	課題4 グループワーク キーワードを決める
38分〜41分	3分	グループの2人が他のグループに移動し、移動先のキーワードの説明を受ける
41分〜43分	2分	もとのグループに戻り他グループのキーワード説明を共有
43分〜48分	5分	個人ワークで指示語「かく」の内容を45文字で説明する文を作成
48分〜50分	2分	リーダーシップ態度目標に関するリフレクション

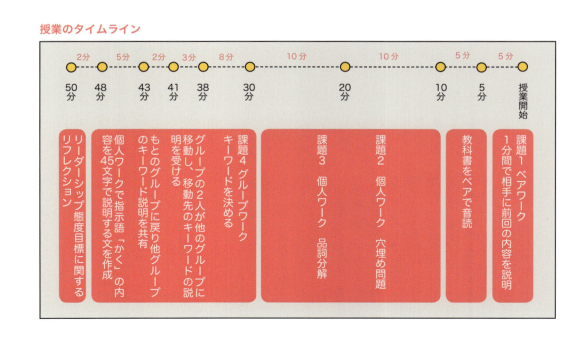

授業を終えて

先生に聞きました！

飯塚 理子 先生

国語は知の伝達ヒエラルキーが強い世界。それが生徒たちから言葉を奪っているのではないか。

授業では、「1分間で話して」など厳格にタイムキーピングされていましたが。

この学年は、1年生の秋からアクティブ・ラーニングを取り入れていたので、わりと慣れているほうなのですが、少し緊張していましたね。「1分間」を強調していたのは、1分間という時間を身体感覚で身につけてほしいと思っているからです。1分間でどれくらいの分量を話せるのか、そのためにはどこを捨てて、どこに焦点を絞るのか、ということをすばやく決める必要があります。こうした感覚は、国語だけでなく他の教科でも、また社会に出てからも必要になると思っています。

グループワークのやり方はジグソー法※やワールドカフェ※にも似ていますが、そのねらいは何ですか。

最初にグループワークでキーワードを出し、その後、2人が他のグループのキーワードの説明を聞きに行き、戻ってその内容をもとのグループで共有する、というのは確かにジグソー法やワールドカフェなどからヒントを得ました。ただ、すべてを授業のなかに取り入れようとすると時間がとても足りないので、その一部だけを取り入れています。

生徒と話していると、最近の生徒たちはとても語彙が乏しいと感じます。このワークで、言葉の広がりを感じてもらい、表現できるようになってほしいというのがねらいです。例えば生徒たちは「うざい」とよく言いますが、「うざい」と「嫌い」の何が違うのか、ふと立ち止まって考えてほしいのです。今回の授業でも、いくつかのグループで「未練」というキーワードが出ていました。でも、このグループの「未練」と他のグループの「未練」とでは出てきた経緯が違うかもしれないし、込められている意味にもずれがあるかもしれません。それを知ることで、一人ひとりにとっての「未練」の意味が、最初よりも広がりをもっているはずだと思うからです。

どうしてアクティブ・ラーニングに取り組もうと思ったのですか。

理系科目の場合は、客観的な真理の前には先生も生徒も誰もが平等という世界観があるのだろうと思います。でも、国語という教科は、とても上から下への力が強い世界だと感じています。例えば「ここの登場人物の気持ちを書きなさい」といった問題が典型的なのですが、作家や研究者等の特定の何かに権威が与えられていて、それらが提示す

※ジグソー法：あるテーマについての資料を、グループ内のメンバーで分担して勉強し、各自が理解した内容を持ち寄り、ジグソーパズルのパーツを埋めるように、知識を統合してテーマ全体の理解を構築したり、課題を解いたりする活動を通して学ぶ、協調的な学習方法。

※ワールドカフェ：複数のグループで、共通のテーマについて議論する。一定時間が経過した後、各グループのホストを残し、他のメンバーがグループを移動する。新たなグループで、これまでの議論を振り返りながら、さらに議論を進める。このラウンドを続け、最後に全体で共有する。

最初に失敗したときは、二度とアクティブ・ラーニング型授業はやりたくないと思った。

る答えが、国語の教員を通して、生徒に刷り込まれていくという知の伝達ヒエラルキーです。これは一斉授業ととても親和性が強いのですが、それが生徒たちから言葉や文章の理解の多様性を奪っているのではないかという懸念を抱いていました。

アクティブ・ラーニング型の授業は最初からうまくいきましたか。

　私は教員になってまだ3年目なのですが、一斉授業だけではだめなのではと問題意識を持っていました。そこで、校外のアクティブ・ラーニングの研修を受けて、2年目の4月に新入生に対していきなりアクティブ・ラーニングをやらせてみたら、授業が崩壊してしまいました。ねらいも何も生徒に説明せず、いきなりプリントをわたして、「グループで相談しながら解いてね」と始めたのですが、授業にはならないし、おしゃべりばかりです。今から思うと、その前に受けた研修でも態度目標の設定とリフレクションが強調されていたのですが、そこは素通りして授業のやり方だけを真似ようとしていたわけです。そのときの失敗でアクティブ・ラーニングを取り入れた授業はもう二度とやるまいと思いました。

　でも、その時期に、本校の他の教員から、立教大学のリーダーシップ研修に誘ってもらったのです。それを受けたことが転機で、足りなかったのはリーダーシップという態度目標だと気づき、秋からもう一度チャレンジしてみようと思いました。

リーダーシップの育成を取り入れることの意味は何ですか。

　アクティブ・ラーニングを通じて国語そのものの理解を深めることと、個々の生徒がリーダーシップを発揮してアクティブ・ラーニングを進めることは両輪だと考えています。その教員としてのねらいも最初に生徒たちに詳しく説明し、納得してもらったうえで始めました。そうすると、グループワーク自体もうまくいくようになってきました。

　私としては、国語の授業のなかだけではなくて他の教科の授業やクラブ活動、そして家庭でもリーダーシップが発揮できるようになってほしいと思っています。その意味では、国語の授業で取り組んでいるだけでは限界も感じています。

　私は2年生のクラスを担任していますが、そこでは授業だけではなくて、ロングホームルームや学園祭のクラスイベントでも「リーダーシップを発揮してね」「発揮できた？」と常に投げかけています。これをもっと多くの先生方にも理解してもらいたいし、取り組んでもらいたいとも思っています。

　そこをどうしていくのかが、私の今後の課題です。

国語そのものの理解とリーダーシップの発揮が、アクティブ・ラーニングの両輪。

数学（数学A）一年生

静岡県立浜松北高等学校
大村 勝久 先生

ICTで板書の時間を減らし、生徒の考える時間を増やした「活用」の授業。

体育祭の綱引きを素材に「場合の数の数え方」に取り組む

今回の授業は、1年生の数学A、単元「場合の数の数え方」の最後に近い回である。これまで10回程度行われてきた授業のまとめとして、習得した知識を使って問題を解く「活用」の授業である。

同校の体育祭は、全学年をクラスごとに縦割りにして10チームで戦う。恒例種目のひとつである「綱引き」は、各チーム2回試合を行って勝ち点を競い合うもので、今年度の体育祭でも大いに盛り上がった。今回の授業では、この綱引きをリーグ戦やトーナメント戦で行った場合、試合数や対戦の組み合わせがどうなるのかを考える。題して「北高の綱引きを数学する！」だ。

この授業は2回で構成され、1回目の授業では、リーグ戦とトーナメント戦の総試合数について考えた。2回目の本授業では、トーナメント戦の組み合わせについて取り組む。

授業開始前に、生徒たちが手分けをしてスクリーンを黒板に貼りつける。先生がプロジェクターをセットして準備が終わり、「起立、礼」で授業が始まった。

授業はスライドに従って進められる。まず軽く、前回の授業の振り返りが行われた。

「チーム数をnとすると、トーナメント戦の総試合数はnマイナス1（n-1）になることを前の授業でやりました。10チームで戦う場合、どんな形のトーナメント表があるのかワークシートに書いてもらいましたね。例えばこんな表がありました」

先生は生徒がワークシートに描いた様々な形のトーナメント表を、スクリーンに映して紹介する。

「それでは今度は、トーナメント表の形は理論上、何通りできるかを考えます」

ここでスクリーンに問題が投影される【第一問】。

「あてずっぽうでもいいから手を挙げてみて。トーナメント表の形は50通りだと思う人は？」

手を挙げる生徒は1人しかいない。

「100だと思う人は？」

「500だと思う人は？」

これにはクラスの約半数ずつが手を挙げる。

生徒たちの手元のワークシートには、解法のステップが段階を追って示されている。「それでは、まずワークシートを1分間、読んでみて」と先生から指示があった。1分後、「ヒントがなくても解けそうな人は？」と聞くと、

【第一問】

10チームのトーナメント表で優勝を決めるとき、トーナメント表は何通り作ることができるだろうか。ただし、表の形が同じで対戦の組み合わせが異なるだけのものは1通りと数えることとする。

nチームによるトーナメント表の総数をS(n)とおく。

ただし、S(1)=1とする。以下の手順で考えてみよう。

① S(2)を求めよ。

② S(3)をS(1),S(2)で表しS(3)を求めよ。

③ S(10)を求めよ。

誰も反応しない。「ヒントなしではきついと思う人は？」と「きついかどうかもわからない人は？」に、約半数ずつが手を挙げる。

先生は、「では、少し見ておこうか」と①②の解説動画をスクリーンに流した。動画では、トーナメントを簡単な図で示すとともに、先生が解説する音声に合わせて該当箇所を○で指し示したり、文字や図を色のついた線で囲うなど工夫されている【第一問①②解説】。

【第一問①② 解説】

① 2 チームの場合、S(2)=(1) 通り。

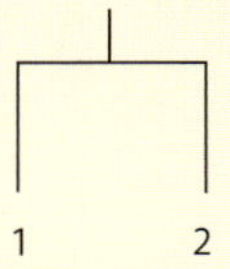

② 3 つのチームによるトーナメント表の決勝の相手は、
2 つのチームによるトーナメント戦で勝ち上がったチームと、残り 1 つのチームの場合
または、1 つのチームと、残り 2 つのチームによるトーナメント戦で勝ち上がったチーム
の場合がある。

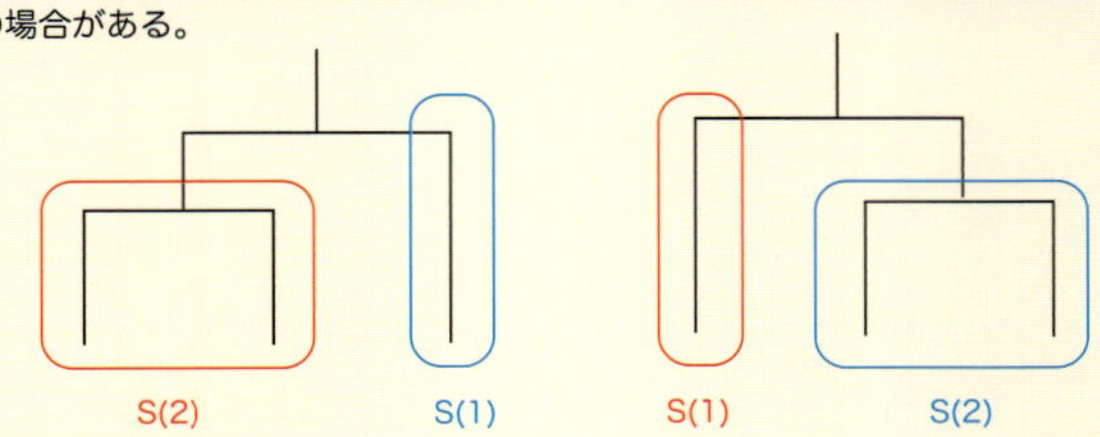

よって、$S(3)=S(2)S(1)+S(1)S(2)$
$=1\times1+1\times1$
$=2$

「おぉ！」と歓声を上げる生徒もいれば、首をかしげている生徒もいる。

タブレット端末で解説動画のヒントを見ながら、グループワークで問題を解く

「ではグループになって検証しましょう」

生徒たちは慣れているようで、スムーズに机を向き合わせて議論に入る。

グループワークのルールは以下の3つだ。①1グループ4人、②10分間で解答を導く、③電卓使用可、である。

先生は10グループの間をくまなく回って、議論が進まないグループに対しては「解説をもう1回見る？」と尋ねている。「いりません」と返すグループもあるが、「見ます」というグループにはタブレット端末を机に置いて動画を再生する。

①②の解説動画を見てもまだ解き方がピンと来ないグループに対しては、「次のヒントも見ますか？」と問いかけ、「見たいです」と声が上がると次の動画が表示される。先ほど全体で見た動画の続きの部分だ【第一問③ ヒント】。

生徒たちは何度も自分で再生を繰り返し、「これはどういうことだろう」と、話し合っている。

ただタブレット端末は10グループに対して5つしかない。10グループ全部に行きわたるには足りないが、それを先生のフットワークでカバーしている。また、いくつかのグループはヒントも不要なようで、タブレット端末を見せてほしいという要請もない。

しばらくすると式が完成し、計算を始めるグループも出てくる。式がなかなか書けないグループに対しては、さらに先生による介入の頻度が上がってくる。

【第一問③ ヒント】

4 つのチームによるトーナメント戦の相手は、

・（3）つのチームによるトーナメント戦で勝ち上がったチームと、残り 1 つのチームの場合
・（2）つのチームによるトーナメント戦で勝ち上がったチームと、残り（2）つのチームによるトーナメント戦で勝ち上がったチームの場合
・1 つのチームと、残り（3）つのチームによるトーナメント戦で勝ち上がったチームの場合

の 3 つの場合がある。よって、
$S(4) = S(3)S(1)+S(2)S(2)+S(1)S(3)$ となる。

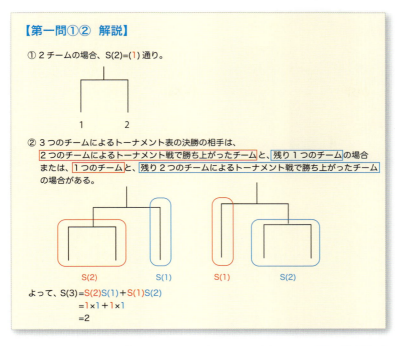

予定より延長し、15分経過したところでタイムアウト。

先生が各グループの答えと計算式をタブレット端末で撮影し、それをスクリーンに投影する。グループによって解答はばらばらだ。3～4グループの解答を紹介した後、解説動画を全員で見る。

正解は4862通り。紹介された中で正解が出たチームは1つしかなかったが、いくつかのグループは計算式までは正確に導き出せていた【第一問③ 計算式】。

この後、各グループで3分ほど振り返りを行う。スクリーンに映った解法と手元のワークシートの記述を見比べながら、自分たちが正解にたどりつけなかった原因について、どのグループも活発に意見を交換していた。

集中力を発揮したグループが、難問に正解一番乗り

第二問は、同じく10チームでトーナメントを行う場合に、対戦相手も考慮すると何通りの組み合わせがあるかを数えるという問題である。問題がスクリーンに映し出された【第二問】。

今回も、まず全体で①②の解説動画を見てから、グループワークが開始された【第二問①② 解説】。

先生は第一問同様、ヒントの動画が見られるタブレット端末を持ってグループを回っていく。

しばらくすると、先生は黒板にヒントとして「H(4)=?」と書く。これに対して、あるグループから「H(4)=5H(3)」という声が上がると、「おっ！いいところに気づいたね」とすかさず持ち上げる。これを機に、一気に各グループが集中していくのがわかる。

第一問で苦戦していたグループが、この第二問では火がついたようにテンション高く取り組んでいて、「いける、いける！」という声が何人かから上がっている。黒板には、「H(3)=3H(2)、H(4)=5H(3)、H(5)=7H(4)、H(6)=9H(5)」とヒントが書かれている。

先ほどと同様に、先生が各

【第一問③ 計算式】

$$S(10)=S(9)S(1)+S(8)S(2)+S(7)S(3)+S(6)S(4)+S(5)S(5)+S(4)S(6)+S(3)S(7)+S(2)S(8)+S(1)S(9)$$

【第二問】

10チームのトーナメント表で優勝を決めるとき、対戦の組み合わせは何通り作ることができるだろうか。ただし、対戦の組み合わせが同じで表の形が異なるだけのものは1通りと数えることとする。

nチームによる組み合わせの数をH(n)とおく。

以下の手順で考えてみよう。

① H(2)を求めよ。

② H(3)をH(2)で表せ。

③ H(10)をH(9)で表し、H(10)を求めよ。

【第二問①② 解説】

① 2つのチームの場合、H(2)=（ 1 ）通り。

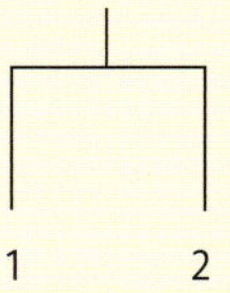

② 3つのチームの場合を考える。

2つのチームによるトーナメントの組み合わせに対し、もう1試合を追加できる場所は、

・各試合につき（ 2 ）通り…A

・決勝戦後の（ 1 ）通り…B

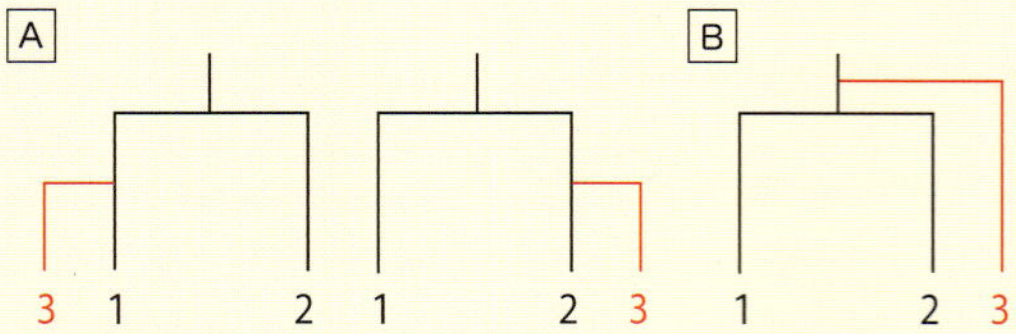

よって、H(3)=（ 3 ）H(2)

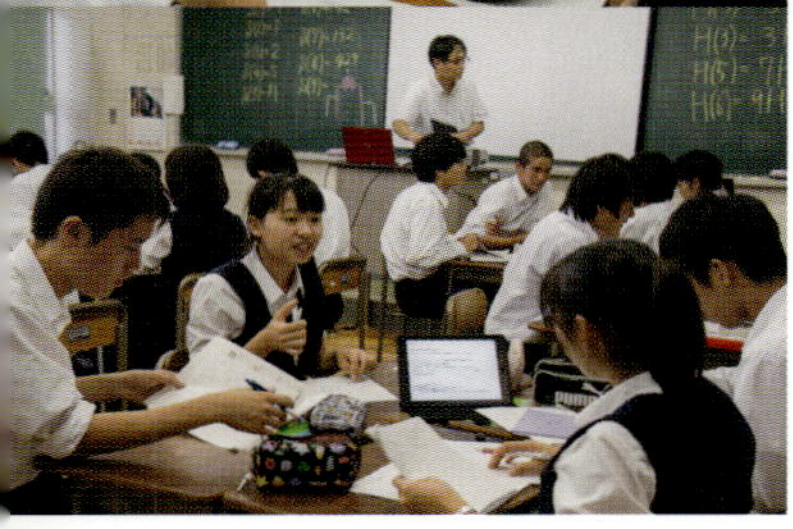

グループの答えをタブレット端末で撮影し、時間が来るとそれを投影する。4～5グループの答えを紹介した後に、先ほど「いける、いける！」と言っていたグループのものが投影された。「34,459,425」と映っている。

ここで、解説の動画がスクリーンに投影された**【第二問③解説】**。

正解である。グループのメンバーは「Stand up!」と先生から起立を促され、教室全体から拍手が起こる。

各グループでの振り返りは、第一問のときよりもさらに盛り上がっている。

その後、場合の数を数えるときの考え方として、①もれなく、②重複することなく、③効率的に、の3点が重要であることが、やはりスライドで示される。

先生からは、「今回やったことには、実は公式があります。でもみんなにやってほしいのは、公式を覚えることではありません。発想を学んでほしいんです。今日は、例えば10を求めるときに9や8との関係からどのように導き出せるのかという、新しいものの数え方を学びました。これを本格的にやるのが、数学Bの『数列・漸化式』です」とまとめがあった。

最後に、今日の授業の内容をどこまで理解できたかということを、各自で振り返りシートに記入して終了。

教室には、先ほどまでの熱気の余韻が残っていた。

【第二問③　解説】

H(10)=17H(9) である。この H(9) は 15H(8) なので、次のような式が成立する。

H(10)=17H(9)=17×15H(8)。これを繰り返していくと……、

$$H(10)=17H(9)=17\times15H(8)=17\times15\times13H(7)=17\times15\times13\times11H(6)$$
$$=17\times15\times13\times11\times9H(5)=17\times15\times13\times11\times9\times7H(4)$$
$$=17\times15\times13\times11\times9\times7\times5H(3)=17\times15\times13\times11\times9\times7\times5\times3H(2)$$

H(2)=1 だから H(10)= 17×15×13×11×9×7×5×3×1=34,459,425 となる。

授業のタイムライン

時間	所要	内容
授業開始～3分	3分	前回の授業内容の振り返り
3分～8分	5分	スクリーンに第一問を投影し、説明
8分～23分	15分	机を移動し、第一問をグループワークで解く
23分～28分	5分	全体での答え合わせとグループごとの振り返り
28分～30分	2分	スクリーンに第二問を投影し、説明
30分～40分	10分	第二問をグループワークで解く
40分～46分	6分	全体での答え合わせとグループごとの振り返り
46分～50分	4分	まとめと個人での振り返り

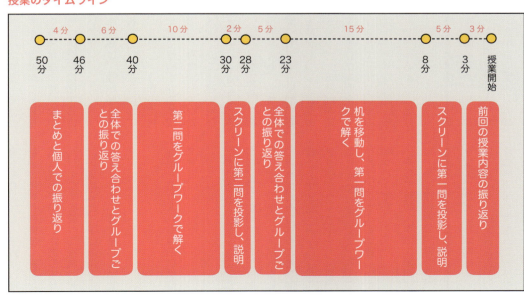

授業を終えて

先生に聞きました!

大村 勝久 先生

ICTを使って授業の密度を高めることで、生徒の集中力も高まっていると感じます。

生徒たちの集中力がすごかったですね。

地元のトップクラスの生徒たちが集まっているので、ちょっと刺激すると火がつきやすいということはあります。

今日の授業の2番目の問題を最初に解いたグループは、実は数学が得意とはいえない生徒が多かったのでどうなるかと思っていたのですが、私が予想した以上にものすごい集中力を発揮して正解しました。

ICTを活用されていますが、そのメリットは何でしょうか。

実は学校にはタブレット端末が3つしかなく、私の個人所有の2つを足しても5つです。4人1組で10グループですから10個あるといいのですが、必要としないグループもあるので本当に必要なグループだけに見せるようにしています。また、教室にはスクリーンやプロジェクターが備えられていないので、授業のたびにこれらを運んで行くのはかなり大変です。

それでもICTを使っているのは、まず活用の授業時間を確保するためです。事前にスライドを作成する手間はかかりますが、授業中に板書をしている時間がもったいないので、その時間を短縮するのがねらいです。

活用の授業は、今年から各単元の最後に行うようにしています。しかし、3年分の内容を2年間で終わらせる本校では、普通に授業をしていたのでは活用に充てる時間をひねり出すことができません。そこで、スライドを使って板書の時間をなくし、生徒の考える時間、対話する時間、書く時間を確保しつつ、毎回の授業で5分~10分の時間を短縮します。それが単元全体で積み上げられて50分や100分の時間になり、活用の授業に充てることができるようになります。

もうひとつの理由は、授業の密度を高めるためです。本校は県下屈指の進学校ですが、1・2年生は夏休みの補習もありません。それだけに毎回の授業が勝負で、密度と質を高めていくしかありません。ICTを使って授業の密度を高めると、生徒の集中力も高まっていると感じています。

活用を取り入れるねらいは何ですか。

本校のような進学校では、模擬試験での偏差値を下げないこと、難関校の入試を突破できる実力をつけることが前提として求められています。アクティブ・ラーニングも、これをクリアしたうえでなければ、行うことは難しいと思っています。

そして難関大学の入試問題は、単に教科書の内容をやってさえいれば、あるいは公式を覚えてさえいれば解けるというレベルではありません。その場で深く考えることが求

頭をいっぱい使って、疲れるほど考えることができれば、それでいい。

められ、与えられた問題を読み解く力が問われます。そのような考える機会を授業のなかで経験することが重要です。実際、「場合の数を数える」という単元でも、今回のようなところまで考えるプロセスは教科書にも出てきませんが、この経験は必ず生徒の思考力の向上につながっているはずです。

アンケートをとっていますが、こうした活用を面白いと感じる生徒が多くいます。1年生の1学期には「できなくていいから考えよう。頭をいっぱい使って、疲れるほど考えられたら、それでいいんだ」と生徒たちには言い続けました。

もうひとつのねらいは、2年生で漸化式を学ぶにあたり、そのステップになる考え方を経験しておくことです。いきなり漸化式を学ぶと、数学の公式の暗記になってしまうのですが、前の年に算数的に解くことを経験しておくと、理解がより深くなります。

活用以外の授業はどのようにされていますか。

毎回本格的なグループワークを行うのは時間的に難しいですが、習得の授業でも、意識して双方向的な対話を取り入れるようにしています。

まず私が、簡単に答えを導くことができないような問いを一斉に与え、生徒個々に考えさせます。次に個々が考えたことを、まわりの生徒と対話して深めてから、何人かに発表してもらいます。そして発表内容に対し、他の生徒から質問させたり、私から追加の問いを与えて、さらにじっくり考えてもらいます。このようなことを繰り返しながら、解を導く指導をしています。

ひとりで考えることと対話すること、この2つを意識して、主体的に授業に参加させたいと思っています。

こうした習得の授業と、単元の最後に行う活用との組み合わせが大切だと思います。

普段の習得の授業と、単元の最後に行う活用の授業の組み合わせが大切。

今後の課題について聞かせてください。

様々なアクティブ・ラーニングの手法を合理的に授業に活かしていきたい、あるいはグループワークの中身と効果を授業研究として検証したいということもありますが、一番大きな課題は「探究」です。今日のような活用の授業も、探究への橋渡しということは念頭に置いていますが、現時点では本校においては探究活動が行われていません。

ただ、新しい学習指導要領では、探究が重視されていますし、それに合わせたカリキュラムも必要になります。習得→活用→探究とつながった授業をつくっていくことが課題だと感じています。

理科（化学） 6年生（高校3年生）

宮崎県立五ヶ瀬中等教育学校
西山 正三 先生

先生は語らず。教室に置かれた「指令書」が生徒のやる気に火をつける。

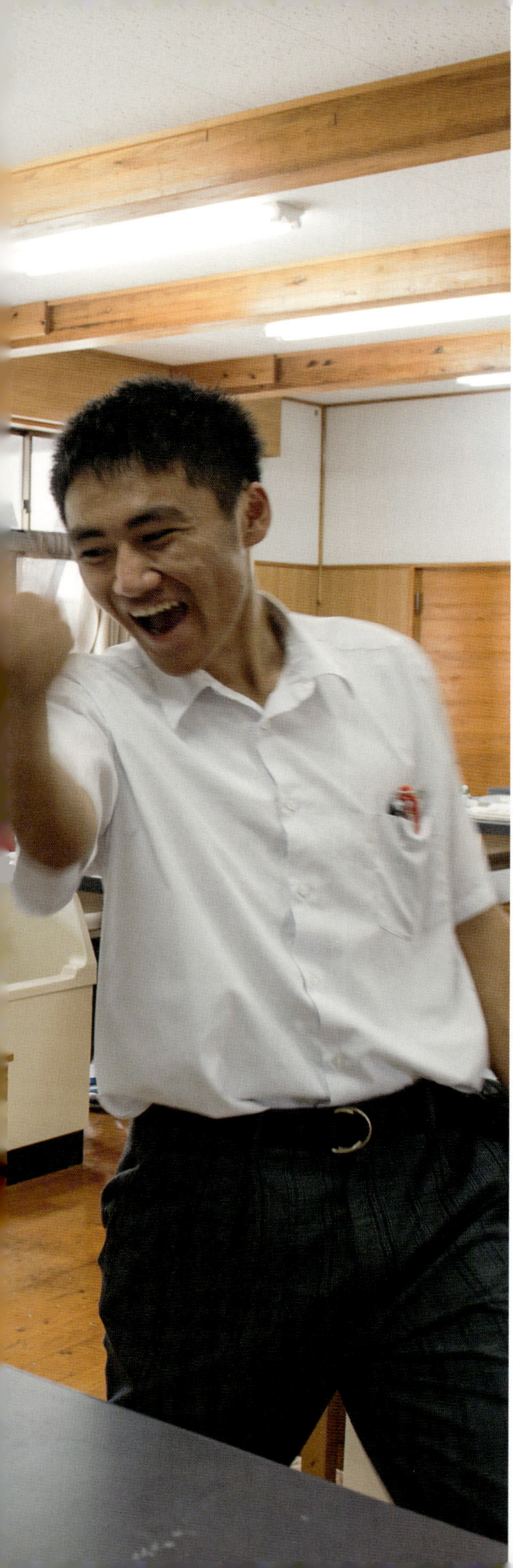

■指令1
小テストからスタート 授業は静かに始まる

6年生（高校3年生）理系クラスの選択科目「化学」は、生徒18人の少人数の授業である。

昼休みの全校清掃が終わってすぐの授業は、静かに始まった。教室前方の教卓の上にはトレイが置かれ、その中に「指令　有機7」と書かれたA4の紙が置かれている。その横には3段の棚があり、やはりA4の小テストが3種類入れられている。

生徒たちは、教室に入ってくると、まず指令書と小テストを手に取り、自分の席に着く。席は2人で1班となって座るように指令書に記されていて、この授業は9班18人に分かれて行われる。

着席すると生徒たちは指令書を読む。そこには「以下の文を、まずは全部読んで理解したうえで、書いてある指令通りに動いてください」とある。

指令書を読み終わると、生徒たちはまず指令1を実行する。小テストに各人で5分間取り組むのである。この小テストは大学受験で最低限必要となる知識についての自分の理解度を確認するためのもので、答え合わせをしたり提出したりはしない。

この小テストに取り組む間は相談の声も聞こえず、教室は静かなままである。

指令　　有機 7

以下の文を、まずは全部読んで理解したうえで、書いてある指令通りに動いてください。

座席表　　黒板

7	4	1
8	5	2
9	6	3

0	上記のように座席を変更しなさい。番号は班番号を示します	
指令 1	小テストを各自行い、早く終わったら授業ノート p147 を読み、理解したら模型を持っていき、始めてもよい。5 分経ったら合図があるので終わってなくとも指令 2 に移る。	5 分
指令 2	授業ノート p147 の（　　）埋めを行い、全部埋まったら先生にチェックを受け、クリアした班は指令 3 に移る。 （注）今回は全て模型を作成してから持ってくること。考えうる形を全て頭で考え構造式で書いて模型も作成してくること。考えうる異性体の数が足りなかったり、同じ物質がある場合などは不合格です。一部合っている場合にも、どれが合っているという指摘は一切しませんので注意してください（要するに、合格か不合格かの判断しか先生は行いません）。	25 分
指令 3	授業ノート p148 を埋めて先生にチェックを受け、クリアしたら指令 4 に移ること。	5 分
指令 4	授業ノート p149 を埋めて先生にチェックを受け、クリアしたら以下の報酬を受け取ることができる。	15 分
指令 5	指令 4 まで早く終わった班は、ブテンの考えうる全ての構造異性体を、自分のノートなどに書いてくる。すべて書けた班はボーナス点を手にすることができる（ただし、ノートはわかりやすく書いてくること）。 もしくは、化学の新研究を読んだり、問題集を解いたりしてもよい。	

※他の班の人に聞いたりしたら、50 点減点の処分とします。
※教科書や新研究、授業ノートは見てもよいです。
※相談は可、おしゃべりは不可（10 点減点）。
※提出する際には、はっきりと誰が見てもわかるような書き方をしてチェックを受けること。

報酬は以下の通りである。

1 位	2 位	3 位	4 位	5 位	6 位	7 位	8 位	9 位
10 点	9 点	8 点	7 点	6 点	5 点	4 点	3 点	2 点

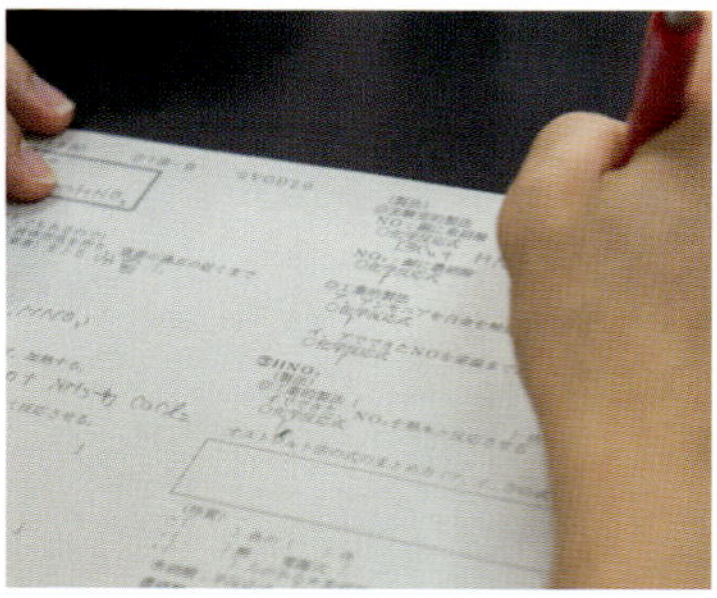

■指令2 分子模型を使ったペアワーク

小テストタイムが終わると指令2に移る。ここで初めて先生から声がかかる。本日のテーマは「アルキンの構造異性体を、模型を軸に理解する」だ。授業ノート『五ヶ瀬の化学 下巻』（先生が作成したワークブック）には、アセチレンとプロピンについて、分子式を書き、構造異性体の分子模型を作成し、考えうる全ての形の構造式を書くという課題が出されている。先生は合格か不合格かの判断しか行わず、不合格の場合はどこが間違っているのかも自分たちで考えなければならない。

ここで教室は一変して賑やかになる。生徒たちは教卓にある分子模型を取りに行き、ペアで相談しながら分子模型を組み立て、授業ノートに書き込んでいく。時間は25分間だ。いたるところから、「この三重結合が……」という単語が聞こえてくる。向かい合って分子模型を作っているペアもいれば、横に並んで1人は授業ノートに書き込み、もう1人が模型を黙々と組み立てているペアもいる。教科書や参考書を取り出して調べるペアもいて、生徒の動きは様々だが、先生が各班の取り組みに介入したり助言したりはしない。

いち早く完成させたペアが授業ノートと分子模型を持って、西山先生が立つ教卓まで来る。先生は、評価シートを片手に解答をチェックする。合格すれば、次の指令に取り組み始める。次々にペアが先生のところに持ってくるが、合格できない班もある。指令書には「先生は合格・不合格の判断しかしない」とあるが、間違いに気づかせるようなヒントを言って、もう一度考えさせている。

■指令3 授業ノートの穴埋め問題で基礎知識を確認

次の指令3では授業ノートの穴埋め問題を解き、先生にチェックを受け、クリアしたら指令4に移ることが指示されている。時間は5分。

こうして指令3に進み、ここで合格となって指令4へと進んだペアと、まだ指令2の問題で何度も不合格になっているペアとの差が開いていくが、この授業ではまったく問題ない。先に理解できた生徒たちは、どんどん次の指令を実践し、最後には自分たちの理解度に応じてオプションの指令まで準備されているからだ。

指令3　授業ノート　148ページ

次の文中の（　）内に適する語句や物質名を記入せよ。

アセチレンは（　ア　）に水を加えると得られる。アセチレン分子の形は（　イ　）形であり、アセチレンを臭素に通じると、その溶液の（　ウ　）色が消える。これは（　エ　）反応が起こるからである。アセチレンは白金を触媒として水素を（　エ　）反応させると、（　オ　）を経て（　カ　）になる。また、適当な触媒を用いると、水、塩化水素、酢酸が付加し、それぞれ（　キ　）、（　ク　）、（　ケ　）が生成する

■指令4
苦戦していた生徒も一気にドライブがかかる

指令4では引き続き授業ノートの問題を解く。

指令4をクリアした順番に応じて、生徒たちは「報酬」を受けることができる。報酬は1位が10点で、2位から1点ずつ減っていき、9位が2点である。これは成績評価に反映されるとのこと。それが生徒の大きなモチベーションとなっている。実際、指令2で何度も不合格となっていた班が、30分かけて指令2をクリアした途端に理解のドライブがかかり、一気に指令3、指令4とクリアして、多くの班を追い抜いていった。さっきまでは眉間にしわを寄せていたが、「やった!」と笑顔がはじける。このころになると、教卓前には先生のチェックを受けようとするペアで行列ができている。

指令4　授業ノート　149ページ

1、アルキンの一般式を書け。また、炭素数が2と3の構造式と名称を書け。

2、炭化カルシウムと水を反応させ、発生する気体を捕集する実験について各問いに答えよ。

① 化学反応式を書きなさい。

② 捕集法を書きなさい。

③ 捕集した気体と臭素水を振り混ぜると臭素の色が消えた。初めの臭素の色と反応の名前を書きなさい。

④ ③の化学反応式を構造式で書け。

3、次の化学反応式を構造式で完成させ、できた物質の名前（②は除く）を書きなさい。ただし、アセチレンと反応する物質はアセチレン1分子に対して1分子が反応するものとする。

① アセチレンと水素

② アセチレンと塩素

③ アセチレンと塩化水素

④ アセチレンと水

■オプション　指令5
ボーナスポイントで拍車

　指令4をクリアした班に用意されているオプションは、「ブチンの考えうるすべての構造異性体を書き出すこと」である。これが全て書けた班にはボーナスポイントが与えられる。もっとも、すべての班がこれに取り組む必要はなく、この時間を使って参考書を読んだり、問題集を解いたりしてもよいとされている。

　指令4を1番で解いた班は、ブチンの構造異性体に取り組む。分子模型も3分ほどで作って、先生のところに持っていくと、「おっ、すごい！　この異性体は先生も気付かなかった」と先生の感嘆の声。この班はオプションもクリアしたので、次の授業の予習に取り組む。各班は次々と指令4をクリアし、授業終了までにはすべての班がクリアすることができた。

　48分が経過した時点でオプションや予習に取り組む生徒たちに、先生から「今日はここで打ち切ります」と声がかかる。最後に「ブチンの異性体について、先生もここまでしか可能性を考えていなかったのに、別の可能性に気付いた生徒もいました。素晴らしい」と構造式を書きながら説明する。ほめられたペアはうれしそうだ。

　最後に分子模型を片付けて、「5限目の授業は終わります。礼！」で、始まったときの静かさとは打って変わって、にぎやかに授業は終了した。眠くなりやすい昼食後の5限目の授業だが、誰も居眠りなどしていないし、できない。

　終了後に、1人の生徒が職員室から小テストを持ってきた。授業の冒頭で小テストを使ったため、次の授業のために新しい問題を補充しているのだ。小テストは全部で28種類用意されていて、授業の進み方や生徒の様子を見ながら、この小テスト担当の生徒が自分で判断して問題を用意する。ここでも生徒の小さな自主性が発揮されているのだった。

授業のタイムライン

時間	所要	内容
授業開始	5分	各自で指令書を読み、指令1の小テストに取り組む
5分	25分	指令2：班でアセチレンとプロピンの分子模型をつくり、構造式を記入して先生のチェックを受ける
30分	5分	指令3：班で授業ノート（ワークブック）の穴埋め問題を解き、先生のチェックを受ける
35分	13分	指令4：班で授業ノート（ワークブック）の問題を解き、先生のチェックを受ける 早く終わった班はオプション指令に取り組む
48分	2分	先生によるまとめ 分子模型を片付けて終了
50分		

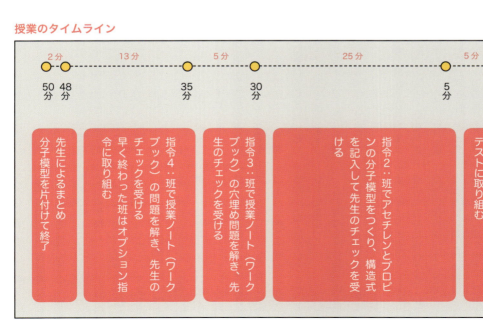

授業を終えて

先生に聞きました！

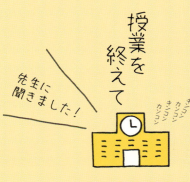

西山 正三 先生

多様な生徒の学力と、入試問題の難化にも対応できる授業はどうあるべきかを考えました。

どうしてこの指令書方式の授業を始めたのですか。

以前は、私の化学の授業は「ここまで押さえておけば入試で8割は取れる」ということを念頭に一斉授業を行っていました。しかし、近年、センター試験も各大学の2次試験も、問題が年々多種多様化、難化していて、教科書の内容を超えるような問題が出されてきています。全部教え込む今までのスタイルの授業では、ここまでは教えきれないと感じました。

しかも、本校には医学部志望から専門学校志望まで、多様な生徒がいます。教員は普通、どこのレベルに合わせようかと考えて授業を組み立てますが、そうすると、どこかに無理が生じます。

そこで、私の授業では指令書を提示して、自分の進路や学力に応じて、できる生徒はどんどん進めてよい、というようにしました。わからない生徒は、わかるまでじっくり取り組めばいいわけです。一斉授業だと、どちらかに無理や不満が生じますが、このやり方だとそうした問題は起こりません。「指令書」という言葉を使っているのは、ゲーム感覚を取り入れたいという気持ちからです。

この授業への生徒たちの反応はどうですか。

今日は7回目の授業ですが、実は、前々回の5回目までは、一斉授業でよい成績をとってきた生徒たちのほうが、つまずいていました。よく見ると、ペアなのに、それぞれ個人で指令に取り組んでいるんですね。それでも前回からは、その生徒たちもかなり反応がよくなってきました。受け身の授業から、このやり方に慣れてくると、もっと伸びていくのだと感じます。

また、去年までの化学の授業ではいつも寝ていた生徒がいるのですが、その生徒がこの指令書方式にしたら目覚ましく変わってきて、他の先生方や友達もびっくりしています。今日の授業では、真っ先にオプション指令までクリアして、しかも私も思いつかなかったような異性体まで考えついていました。以前のような一方通行の一斉授業だったら、生徒も自分もこの「別の可能性」には気づかなかったでしょうね。

現在の大学入試で好成績をおさめられる力と、文章を読んで自分が何を理解すべきか、そのためにどこを調べればいいのかを考えられる力とは、微妙に異なっているのではないかと思います。前者の力だけでは、これからのグローバル化の時代には対応できないのではないかと感じたりもします。

この授業では評価の観点を生徒に明らかにしています。グループで協力できているか、いち早く指令を理解しているか、そのとおりに遂行できているか等の観点を示すことで、生徒たちは以前より注意深く文章を読み、深く考えて理解するように変わってきていると感じます。

これからは、自分が何を理解すべきか、そのためにどこを調べればいいのかを考えられる力が必要。

この形態の授業のために、何か特別な準備はされていますか。

実は、この授業のやり方を始めたもう1つの理由として、私が2年前にスーパーグローバルハイスクールの担当になって多忙になりすぎ、もう少し授業にかけている負担を軽くしないとパンクしてしまうということがありました。

それで特別な準備をするのではなく、これまで蓄積してきた資源を最大限に活かすようにしています。1つは「授業ノート（ワークブック）」と呼んでいる『五ヶ瀬の化学』上・中・下巻です。これは私が自分で作ったものですが、一斉授業をしている頃から10年以上ずっと使っているもので、今の授業形態のために新たに作ったものではありません。

もう1つ、やはり十数年前に作ったDVDも使っています。各単元を10分前後で私が解説しているのですが、これを生徒たちに貸し出しています。

さらに、28種類ある小テストも以前から使っているものです。

この形態の授業のために新たに作ったものは、指令書だけです。指令書は今年の4月の授業が始まる前に、前期に必要な9回分を全部作ってきました。

この授業は18人の少人数授業ですが、4年生（高校1年生）の必須科目でも、1クラス40人の授業を同じ形態でやっています。その際には、ペアではなく、3～4人グループで学力的にも偏りが出ないように配慮しています。

五ヶ瀬中等教育学校は早くから探究活動に取り組んでこられた学校として知られていますが、探究と教科とのつながりは意識していますか。

先ほどふれた、成績は優秀だけど、これまで今日のようなタイプの授業にあまり対応してこられなかった生徒も、探究ではすばらしい論文を書いています。ひょっとしたら、「探究は探究、化学は化学」と分けて考えてしまって、生徒のなかで学習がつながっていない可能性もあるのではないかと思っています。

探究で答えのないものに取り組んできたのだから、必ず答えのある試験を攻略するのは難しくない。

今年、この授業を始めたときに、生徒たちに説明をしました。「みんなは探究活動で答えのないものについて課題を設定して、その解決に取り組んできたわけだから、必ず答えのあるセンター試験や2次試験を攻略するのは難しくないはずだ」と。そこがつながってくると、探究で発揮できる力を化学の授業でも発揮できるのではないかと期待しています。

授業レポート 5

地理歴史（地理基礎）４年生（高校１年生）

神戸大学附属中等教育学校
高木　優　先生

個人思考とグループ学習を組み合わせ、熱帯林の破壊の多様性を考察し、解決策を構想する。

4班B
5班A
5班B
主にインドネシアがジャングルの
伐採をしているから あぶらやし
天然ゴム
とかを
生産している。
木材取得
農地開発
東南アジアは多い!!
草原の破壊は主にブラジルで
おこっている
4B
主に、インドネシアの
ジャングルを伐採して
油ヤシ、エビの養殖池、
木材を得る。
セルバでは、主に
農業(さとうきび、大豆)
を目的に開発されて
いる
中緯度高圧帯付近に
多い

気になるトピックの発表でウォーミングアップ

教室の前方には大きな地図が3枚掲げられ、黒板には「A：リーダー、B：計時、C：報告、D：もめないように」と書かれている。このA、B、C、Dは、同校で何十年も前から行われている生徒一人ひとりに割り当てられた記号である。この記号は主に生活班での役割分担に用いられているが、今回のような授業中に4人1組のグループ学習を行う場合などにも活用されている。

さらに教室の後ろには、先生があらかじめ準備したブラジルや東南アジアに関する書籍が数十冊並べられている。

授業は、まず先生が生徒に最近の気になるトピックを質問するところから始まった。次々と手が挙がり、指名された生徒は「東京都知事選挙に鳥越さんが出ることになった」「おおさか維新の会の党名から『おおさか』を消すとテレビで言っていた」「ハーグの常設仲裁裁判所で南シナ海についての判決が出た」「ビートルズ初来日から50周年」「南スーダンの内戦」「ポケモンGOがアメリカで大人気」などと発言（取材は2016年7月）。先生は「そうやなぁ」と同感したり、地図で場所を示したり、あいまいな情報に補足を加えていく。われわれもと手が挙がり、10名以上の生徒が発言した。生徒たちはこの時間を楽しんでいるようである。

約5分間のトピックタイムが終わると、いよいよ今日の内容に移る。今日は、1学期開始から数えて20回目（週2回実施）の授業で、「熱帯林の破壊が進んでいる地域の人間の活動」という、全8回の単元の最終回である。まず、単元の組み立てについて説明しよう。

地理基礎の授業では単元を貫く大きな「問い」を設け、それをもとに主題学習を進める。今回の単元を貫く「問い」は「熱帯林などの森林の破壊はなぜ進んでいるのだろうか」である。まず単元の1回目に、その「問い」について中学校までの知識を使って考えてみた後、2・3回目にロジカルアプローチとして熱帯林の分布や気候を、4〜7回目にリージョナルアプローチとして東南アジア諸国で信仰されている宗教の違いや、ブラジルが発展した理由を学んできた。

そして8回目の今回、再び「熱帯林などの森林の破壊はなぜ進んでいるのだろうか」という「問い」に戻る。同じ問いへの取り組みでも、知識を学んでいない1回目と、学んだ後の8回目では、その回答のレベルは異なってくるはずだ。

そして、今回の授業のねらいは「熱帯林の破壊の多様性について考察するとともに、その解決の困難さに気づく」と設定されている。

ワークシートを使った個人作業に取り組む

授業に戻ろう。

「熱帯林には熱帯雨林と草原が多いサバナがあることは学んできたけど、なぜ熱帯林が破壊されているのか、その理由はなんですか？」

先生の問いに「焼き畑農業」「木材の調達」などの声が返ってくる。

「ではそのことについて、今日は調べて地図に記入します。グループで熱帯林が破壊されている証拠の写真や記述を探して、その場所を特定し、場所の名前と破壊の要因を付

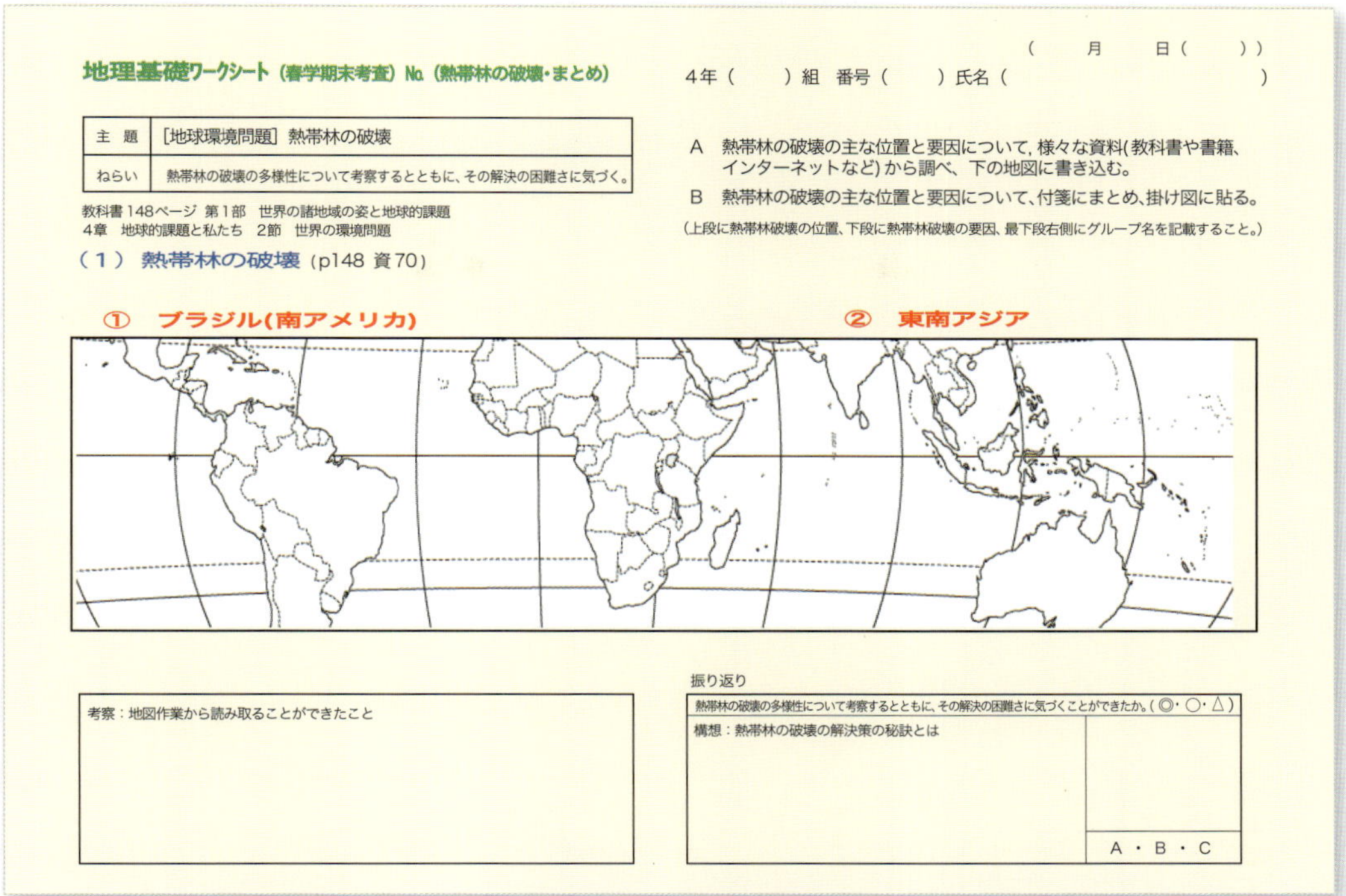

地理基礎ワークシート（春学期末考査）No.（熱帯林の破壊・まとめ）

（　　　月　　　日（　　　））
4年（　　　）組　番号（　　　）氏名（　　　　　　　　　　）

主　題	［地球環境問題］熱帯林の破壊
ねらい	熱帯林の破壊の多様性について考察するとともに、その解決の困難さに気づく。

教科書 148ページ 第1部　世界の諸地域の姿と地球的課題
4章　地球的課題と私たち　2節　世界の環境問題

A　熱帯林の破壊の主な位置と要因について, 様々な資料(教科書や書籍、インターネットなど) から調べ、下の地図に書き込む。
B　熱帯林の破壊の主な位置と要因について、付箋にまとめ、掛け図に貼る。
（上段に熱帯林破壊の位置、下段に熱帯林破壊の要因、最下段右側にグループ名を記載すること。）

（１）熱帯林の破壊（p148 資70）

①　ブラジル(南アメリカ)
②　東南アジア

考察：地図作業から読み取ることができたこと

振り返り
熱帯林の破壊の多様性について考察するとともに、その解決の困難さに気づくことができたか。(◎・○・△)
構想：熱帯林の破壊の解決策の秘訣とは
A・B・C

箋に書いて、前にある大きな地図に貼りつけてください」

　グループ学習のウォーミングアップとして、個人でパソコンやタブレット端末、教科書や本などで熱帯林破壊の写真や記述を探し、それがどの国のどこの場所で行われているのかを、手元のワークシートの地図に記入する。

「教科書の136ページの左上に写真があるよね。熱帯林が大豆畑に変わっています。場所はブラジルのマットグロッソ州です。こんな情報を探してワークシートに記入してください」

　個人ワークの間に、先生が付箋やペンを配っている。付箋の色で、熱帯雨林は黄色、草原はピンクと区別し、グループごとに使うペンの色も変えてある。

グループ学習で熱帯林破壊の状況を地図にまとめ、ホワイトボードに文章化する

　それが終わると約10分のグループ学習の開始。生徒たちは一斉に机を移動してT字型に向き合わせる。

「Aのリーダーの人が中心になって、付箋に書く人、パソコンで調べる人、タブレット端末で調べる人、本で調べる人の役割を分担してください」と先生からの指示が飛ぶ。生徒たちは慣れているようでテキパキと動いている。

　教室の後ろに置かれた本を取りに行く生徒、パソコンやタブレット端末で検索する生

徒……。話し合いながら付箋に書き込み、それをCの報告の生徒が前方の大きな地図に貼りつける。ほとんどのグループでは活発に議論されているが、なかには議論が低調なグループもある。しかし、先生は低調なグループを見ても特別な働きかけをすることはない。

　10分が経過した時点で、「駆け込み乗車OK。今から貼ってもいいですよ」と指示があり、どんどん付箋が貼られていく。東南アジアは黄色の付箋で埋まり、ブラジルは赤道付近に黄色の付箋が集まり、その周辺にピンク色の付箋が貼られた。それぞれの地域の熱帯林破壊の特徴と違いが視覚化されてくる。

　付箋を貼り終わると「この地図作業から読み取れることを、まずは個人でワークシート左下の『考察』の欄にまとめてください」と指示が出る。

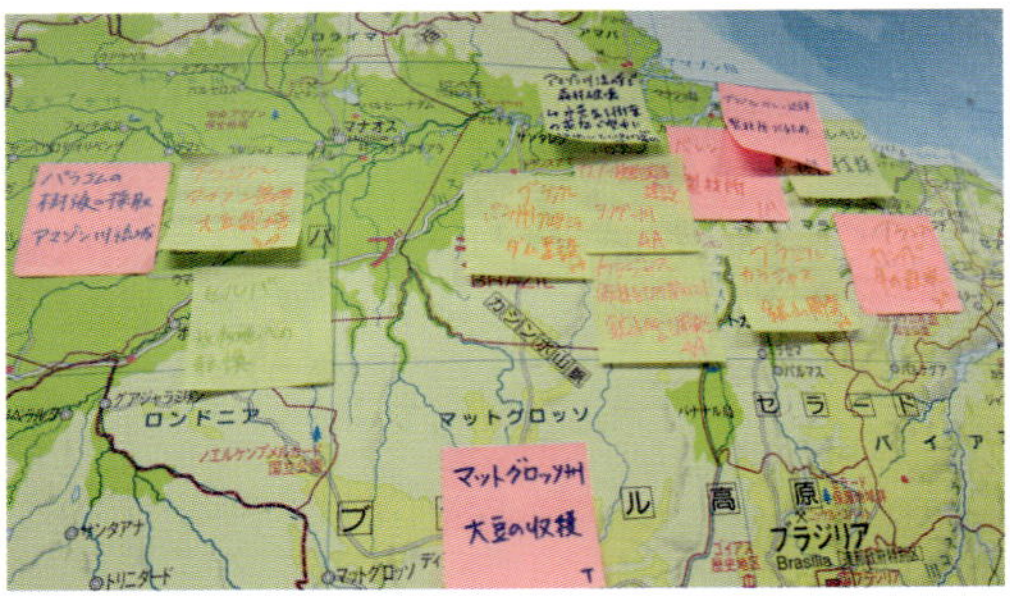

　生徒たちが個人ワークをしている間に、先生は黒板の前に掲げられた大きな地図を移動させ、黒板に10枚のホワイトボードを貼りつける。そして、「リーダーは、ホワイトボードを持っていって、地図作業から読み取れたことについて自分たちの考えを記入して、黒板に貼ってください。時間は3分です」と指示する。

　ホワイトボードには「ブラジルは広い土地を利用して放牧や鉱山開発などの大規模な森林伐採を行っている。東南アジアでは油やしの栽培のための焼畑農業など、ブラジルと比べて狭い範囲での森林伐採が密集して行われている」などのまとめが記入されていく。

　さらに先生から「このまとめの中で、グループで一番重要だと思う箇所に赤でアンダーラインを引いてください」と指示が出され、もう一度グループで相談が行われた後、リーダーが前に出てきてアンダーラインを引く。

熱帯林破壊の解決策を個人で考える

　そして最後に振り返りとして、個人思考の時間がある。

　ワークシートの右下にある「熱帯林の破壊の多様性について考察するとともに、その解決の困難性に気づくことができたか」という問いかけに「◎・○・△」で自己評価をつけ、さらに「構想：熱帯林の破壊の解決策の秘訣とは」に自分の考えを記入する。グループ学習の際にはあまり熱心ではなかったように見えた生徒たちも、真剣に書いている。

　近くの生徒のワークシートをのぞいてみると、「南アメリカや東南アジアでプランテーション農業以外の産業を発展させ、脱モノカルチャー経済を目指す→農業の負担を減らす→熱帯雨林の破壊の減少につながる」や、「焼畑農業や伐採する期間を地域によってずらして設定する。焼畑農業などをしない期間は森や草原のメンテナンスをする」などとあった。

破壊の多様性から解決の困難さを感じているものや、経済システムの変革を目指したもの、国際的なルールづくりに言及したもの、教育の重要性について気づいたものなど、多様な気づきが書かれていて、この授業で生徒たちがしっかりと深い学びを実現していることがうかがわれる。

チャイムが鳴ると、全体の「まとめ」は行われず、ワークシートを回収して授業は終了となった。

授業のタイムライン

時間	所要時間	内容
授業開始〜5分	5分	トピックタイム
5分〜11分	6分	ワークシート配付と、先生から今日の地図作業の説明
11分〜13分	2分	個人思考：熱帯林の破壊状況をワークシートの地図に書き込む
13分〜16分	3分	グループ学習の準備
16分〜30分	14分	グループ学習：熱帯林の破壊状況を付箋に書き、大きな地図に貼る
30分〜33分	3分	個人思考：地図作業から読み取れることをワークシートに記入
33分〜42分	9分	グループ学習：地図から読み取れることをホワイトボードにまとめ、最も重要な箇所にアンダーラインをつける
42分〜50分	8分	個人思考：熱帯林の解決策の秘訣をワークシートに記入

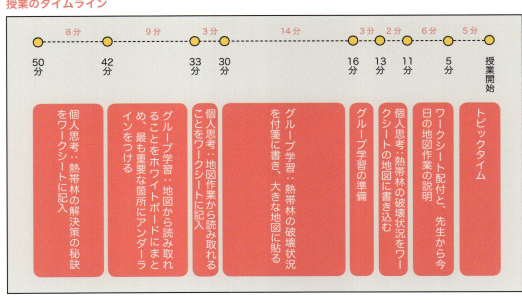

高木 優　先生

教員の授業の「まとめ」は、生徒の思考を制限している場合が多い。

トピックタイムでは生徒たちの発言が活発でしたが、毎回この時間をとっているのですか。

私が教員になったばかりの20年前からこうした時間を設けていて、当時から活発に意見が出ていました。生徒たちは潜在的に、自分が興味のあることは発言しようという姿勢を持っていると感じています。授業になると静かになってしまいがちですが、この姿勢を授業にもつなげていきたいというねらいで続けています。

最後に先生が「まとめ」をされませんでしたが、これは意図したものですか。

以前は、あらゆる授業で最後に私が「まとめ」をして、生徒に共有させていました。しかし生徒の振り返りを読んでみると、結局私がまとめたことばかりが書いてあり、生徒たちが気づいたことが書かれていません。知識・技能を学ぶ授業の場合は「まとめ」を行わないといけませんが、思考力・判断力や態度・価値観を養成する授業では、これではいけないのではないかという思いから、2年前にやめました。

先ほども、10枚のホワイトボードに各グループが考察したことを書かせました。ここで私がまとめをするまでもなく、実は生徒たちはボードが貼られた段階で、他のグループの考察も読んでいるんです。それを、私が一つひとつ紹介してコメントするのでは時間も足りなくなりますし、各自が気づく、「深い学び」を実現するという意味では逆効果になると思っています。私も含めて教員というのは教えたがり、しゃべりたがりですが、そこをぐっと抑えています。

ワークに積極的ではないグループもあったようですが。

グループワークは目的ではなく、あくまでも生徒たちが「深い学び」を実現するための過程だと考えています。積極的でなかったグループも、テーマが自分たちの関心に合致すると爆発的な力を発揮します。また、最後の構想はしっかりと記入していて、その内容も「深い学び」に自分からたどりついているように見受けられるので、それで十分だと思います。

こうした考えから、生徒の成績評価についても、グループワークへの関与などは対象としていません。理解している内容や考察に限定して評価しています。

このような授業を行われるようになったきっかけは何でしょう。

本校は2013年から2016年の4年間、文部科学省指定研究開発学校の指定を受けて「地理基礎」「歴史基礎」の実践に臨んでいます。指定を受ける前からグループ

グループ学習は目的ではなく過程。評価するのは、理解している内容や考察。

学習は取り入れていましたが、授業内容は地形→気候→地誌という教科書通りの順番でやっていました。しかし、これだと単元を貫く問いが立てにくいという問題に直面していました。そこで、指定を機に構成を変えることにしたのです。

実は、これはかなり大変な作業で、ひとりで相当悩んで考え出したものです。例えば本校の４年生（高校１年生）なら１年間に学ぶことを６単元に分け、各単元を主題学習→ロジカルアプローチ→リージョナルアプローチ→主題学習という順番で進めるようにしました。

また、学びとは必ず生徒個人に返るべきものですから、グループ学習だけが盛り上がってもそれでは意味がありません。生徒たちにはグループ学習の前に、２分でもいいから個人思考を行わせます。それからグループ学習を行い、最後にもう一度振り返りとして個人思考に戻ります。最初の個人思考を省くと、生徒たちは準備していないので話せず、声が大きい生徒が勝つということになりがちです。いわゆる「思考のタダ乗り」の状況です。しかし２分でも準備しておけば話せるようになります。そして最後に個人に定着させるという仕組みです。

このような授業は先生にとって大変ですか。

まったく難しいことをしているわけではありません。ハードルは低い授業だと思っています。でも、見学された方にはハードルが高そうに見えてしまうのが悩みです。

ただ、ひとつ心がけているのは生徒たちを信頼して委ねるということです。これは教えたがりの先生にとってはちょっとつらいかもしれません。このような授業をしていると、想定外の問題が生徒から投げかけられることもあります。「だから生徒参加型授業はしたくない」という先生も少なくありません。でも先生といえどもわからないこともあります。何でも知っていて、何でも答えられるのが先生だという呪縛から解放されることが大切ではないでしょうか。私が知らないことを生徒が答えてくれれば、「それはすごいね！」でいいわけですし、誰も答えられなければ「みんなで調べてみよう、考えてみよう」でいいのだと思います。

先生は何でも知っていて答えられる、という呪縛から解放されることが大切ではないでしょうか。

Reflecting on Active Learning

ワークで見つめるアクティブ・ラーニング

「自校流」授業をカスタマイズしよう

Work ❶「自校流アクティブ・ラーニング」言語化ワーク

Work ❷「準備万端」に「委ねる」授業づくりワーク

Work ❸「わくわく授業」の秘訣発見ワーク

Work ❹「もやもや」徹底会議ワーク

実践にアクティブ・ラーニングを取り入れる、その前に、「アクティブ・ラーニングって、そもそも…」「教育って、そもそも…」に立ち返ってみませんか？

「アクティブ・ラーニング」に伴う3つの転換

❶わかりやすい講義形式の授業から、生徒自身が考える授業への「理想的な授業像」の転換

❷教科に関する体系的な知識の習得から、教科に縛られない汎用的な能力の獲得への「理想的な学習像」の転換

❸自力で知識やスキルを習得する学習者から、他者と協働しながら課題に取り組む学習者への「理想的な学習者像」の転換

２０１４年11月20日の中央審議会の諮問を受けて、「アクティブ・ラーニング」という言葉が高校教育の分野でも広く注目されるようになりました。この言葉の流行は、全国の学校に主に以下の「３つの転換」をもたらしているように見受けられます。

①わかりやすい講義形式の授業から、生徒自身が考える授業への「理想的な授業像」の転換

②教科に関する体系的な知識の習得から、教科に縛られない汎用的な能力の獲得への「理想的な学習像」の転換

③自力で知識やスキルを習得する学習者から、他者と協働しながら課題に取り組む学習者への「理想的な学習者像」の転換

前記の諮問「初等中等教育における教育課程の基準等の在り方について」の中で、当時の文部科学大臣・下村博文は「知識の伝達だけに偏らず、学ぶことと社会とのつながりをより意識した教育を行い、子供たちが（中略）基礎的な知識・技能を習得するとともに、実社会や実生活の中でそれらを活用しながら、自ら課題を発見し、その解決に向けて主体的・協働的に探究し、学びの成果等を表現し、更に実践に生かしていけるようにすることが重要である」という考えを述べました。そして、これからは「課題の発見と解決に向けて主体的・協働的に学ぶ学習（いわゆる「アクティブ・ラーニング」）や、そのための指導の方法等を充実させていく必要」があるとして、中央教育審議会に対して「新しい時代にふさわしい学習指導要領等の在り方」についての審議を依頼しました。つまり、これからの時代において、生徒には、**知識を習得するだけでなくそれを「協働的に探究」し、「実践に生かして」いくような汎用的な能力が必要**であり、教師にはそうした能力の発達を促すように授業を変容させていくことが求められているのだといえます。

この転換は、現代社会に目を向けてみれば、理にかなっているといえます。科学技術のますますの進歩により、知識の蓄積とその単純な活用であれば、人よりも機械に任せたほうが効率的で安価かつ正確である場合が増えてきました。人が記憶しておくには細かすぎる情報も、ＩＣＴを活用すればすぐに記録したり読み返したりすることができます。一方で、経済が右肩上がりの時代が終わって久しくなるなかで、決まった知識を適用していればよいルーティンの仕事は激減し、限られた資源を活用しながら目の前に現れる多種多様な課題を解決していく能力や姿勢が、多くの分野において求められるようになりました。近い未来そうした社会に飛び込むことになる生徒たちに対して、ただ黙って授業を聞いて教えられた知識を覚えるといった受け身な教育を学校が続けていたのでは、いざ社会人になったときに生徒たちは即座に適応することが難しくなります。学校での経験と社会に出てから直面する現実に差がありすぎて、社会人になった際に他の世代よりも大きなリアリティ・ショックを受けてしまう可能性が高まります。

もちろん、学校は必ずしも社会に役立つ人材を輩出するためだけにあるわけではありません。しかし、だからといって、次世代を担う若者を集めて毎日６、７時間と座らせ、将来とのつながりが希薄だったり不明確であったりする授業を受けさせ続けてもよいと開き直ることもできません。学校とは「小さな社会」であり、子どもが社会に出ていくための準備をする場としての意義を持ちます。ならば、実際に社会で求められるスキルや思考力、課題解決力を習得する機会も組み込んでいったほうがよいのではないか、というのが、アクティブ・ラーニング推進の動きの根底にあるといえます。

「アクティブ・ラーニング」を取り巻く5つの誤解

❶教師は授業中に黙って教壇から下りるべし!?
❷教科内容よりも汎用的能力を優先させるべし!?
❸学校では協働的学習を主軸にすべし!?
❹講義＋活動で、教師の負担増大を覚悟すべし!?
❺アクティブ・ラーニングという方法論を学ぶべし!?

前述のような学びの転換の重要性が唱えられ、理解が広がるなかで、アクティブ・ラーニングには少なからず誤解も生まれているようにみえます。まずはその中の3つをみてみましょう。

①教師は授業中に黙って教壇から下りるべし!?
②教科内容よりも汎用的能力を優先させるべし!?
③学校では協働的学習を主軸にすべし!?

これらの誤解は、先の「3つの転換」の内容を歪めて捉えたものです。このような誤解を少しでも持つ方は、アクティブ・ラーニングに少なからず不安を覚えるはずです。

なぜなら、教師が突然教えることをやめたとしたら、一定数の生徒は基礎的な知識を身につけることが困難になります。生徒同士で教え合う仕組みや関係性が丁寧に準備されていなければ、基礎的な知識は身につかないままですので、グループ学習を行っても学習は深まりません。また、教師が黙りすぎて教壇から出される指示が不十分になった場合も、生徒たちは学習活動の目的や意味を理解できませんので、学びは深まりにくく、またその方向性も当てずっぽうで検討違いになりやすくなります。さらに、教科内容の習得よりも汎用的能力の獲得が優先されるなら、このような状況は助長され、「形式的には協働的に学んでいるように見えて、実際には何の知識もスキルも新たに習得していない」学習活動が増える可能性があります。最後に、いわゆる「反転学習」とよばれるような形で基礎的な知識の習得は家庭学習に任せて、授業時間中は協働的な学習活動に集中しようとするやり方もあります。これは、丁寧な教材の開発があればとても有効ですが、同一のクラス内でも家庭環境などによって学習の進度にばらつきが生じやすいという問題があります。このような理由から、「アクティブ・ラーニングを推進することは、教師が教育の責任から逃れようとすることだ」といったイメージを持つ人もいます。

しかし、**アクティブ・ラーニングは、必ずしも教師を黙らせるものでもなければ、教科内容の習得を**

軽視するものでもありません。また、協働的学習ばかりに焦点を当てるものでもないのです。

実際、２０１６年12月21日に発表された中央教育審議会の答申では、（アクティブ・ラーニングの視点を盛り込んだ）次期学習指導要領が目指すのは、学習の内容と方法の両方を重視し、子供たちの学びの過程を質的に高めていくことであるという方針が明らかにされました。つまり、「②教科内容の習得よりも汎用的能力の獲得を優先させるべし」という誤解は、ここで否定されているのです。そして、学習内容を減らさない以上、教師が講義形式で知識を教えることも、それを生徒が一人ひとりでノートに書き取ったり練習問題に取り組んだりする時間も重要になります。

ただ、「学習内容の削減は行わない」という方針が明確化されると、もう1つ新たな誤解が生まれます。

④講義＋活動で、教師の負担増大を覚悟すべし!?

今までどおりの学習内容を教えつつ、アクティブ・ラーニングの視点も取り入れるとなると、今まで50分間かけて講義で教えてきた内容を、例えば35分で教えて、残りの15分で生徒たちの思考と対話を促す活動も実施しなければならないのではないか、と考える人も少なくありません。しかし、これでは講義部分の授業改善と新たな学習活動のデザインと導入で、教師の仕事は著しく増えざるを得ません。さらに、生徒の立場で考えてみても、今までよりもはるかに内容が凝縮された講義を聴いたあとにグループ活動などもするとなると、50分間でヘトヘトになってしまう可能性もあります。各授業でこのように知識習得も活動もすべて盛り込もうとすると、毎日6、7時間分の授業を受ける生徒は、教師以上に疲れ切ってしまうかもしれません。

そこで、**アクティブ・ラーニングにおいてまず求められるのは、「優先順位の明確化」とそれに基づく無駄の「そぎ落とし」**です。自分が受け持っている学校、クラス、生徒たちにとって、何を優先させることが最善なのかを教師自身が熟考し、優先順位の低いものから必要に応じて手放していくことがアクティブ・ラーニングを促す授業づくりの鍵となります。本章ではこれを、授業の「カスタマイズ」と呼ぶことにします。

ただ、教師個人が何をそぎ落とすかを決定することは、簡単なことではありません。ですから、必然的に、他の教師がどのような優先順位に基づいてどのような授業を実施しているのか、目を配りたくなります。そして、できることなら、他の教師が成功した授業実践をもとに、失敗しにくい「方法論」や「型」を開発してほしいと願います。このことが、最後の5つ目の誤解につながります。

⑤アクティブ・ラーニングという方法論を学ぶべし!?

アクティブ・ラーニングは、確かに講義形式を減らし、生徒の主体的・協働的な学習活動を増やすことを求めます。だからこそ、プレゼンテーションや課題解決学習、探究学習などの教育方法論に改めて注目が集まっています。しかし、アクティブ・ラーニングは本来、方法論ではありません。

本章では、アクティブ・ラーニングを「取り組んでいることに生徒自らが意味を見出しながら学ぶこと」と定義します。そして、このような学びを促すためには、能動的であったり協働的であったりする活動にところどころで取り組むことが重要だと考える一方、その促し方は無数あると考えます。「このような学びを、その学校、クラス、生徒たちに促すためには、何が必要か？」この問いに、一般論で答えるには限界があります。多くの方法論を知っておくことは、教師としての引き出しを増やすことになるという意味で有効ですが、目の前の生徒たちにとって重要なことを選択し、それに合致した方法を選びとるには、生徒を最もよく知る教師が判断するしかありません。ですから、生徒のアクティブ・ラーニングを促すためには、教師が生徒をよく見て、明確で根拠のある「自校流」の授業をカスタマイズして、実践していくことが大事なのです。

アクティブ・ラーニングを促す授業で生徒のためにこそ教師の主導権を回復する

❶アクティブ・ラーニングを促す授業は新たに「導入」するものではなく、「再発見」するもの

❷アクティブ・ラーニングの「舵取り」は一人ひとりの教師が担うものの、複数の教師が集まってはじめて「動力」ができる

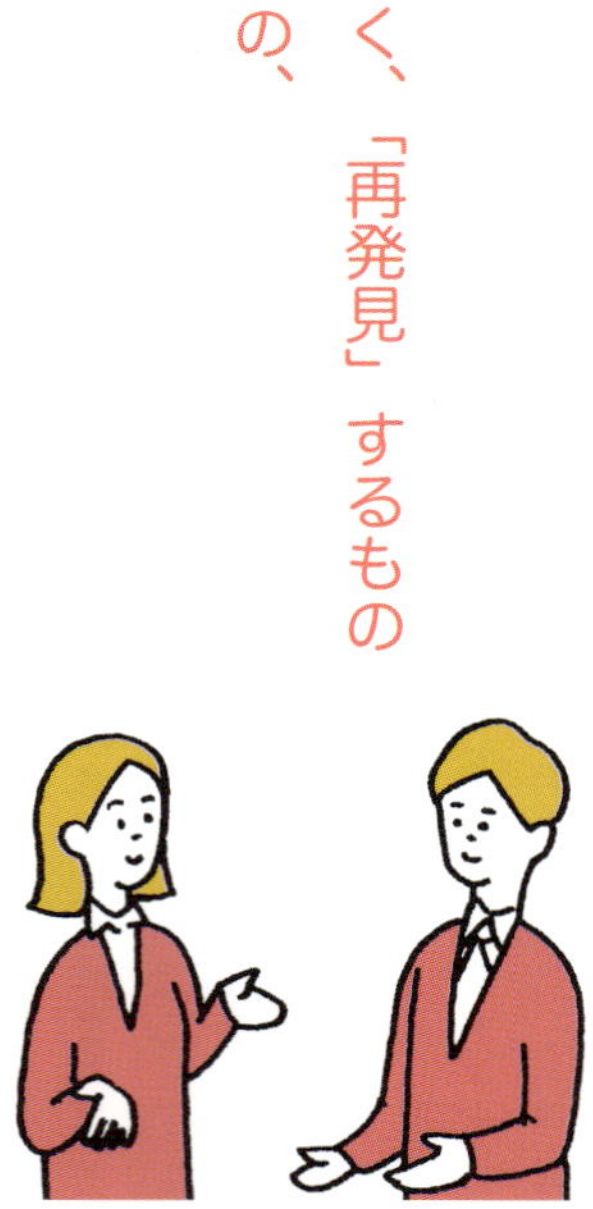

これまでに示した5つの誤解を解きながらより意義のあるアクティブ・ラーニングを推進するために、本章では以下の考え方をアクティブ・ラーニングの基本原理として掲げます。

「生徒のための教師の主導権の回復」

アクティブ・ラーニングに関する議論の中で、教師の役割を「教えること」から「学びを促すこと」へと転換することの重要性が語られ、「どうすれば生徒の深い学びを生み出す授業をすることができるのか？」という学習者視点の授業改善を推進するための問いが先生たちに広く投げかけられるようになりました。

先に述べたとおり、この問いへの答えを、1つの教育方法や手法に求めることには限界があります。目の前の生徒たちはどれほどの知識をすでに習得しているのか、その内容を学習する意義をどのように捉えていて、どの程度の学習意欲があるのか。あるいは、生徒たちは何に興味関心を持っていて、将来に向けてどのような知識やスキル、能力を身につけたいと思っていて、社会に出るまでにどのような力を身につけておく必要があるのか。このような問いに答えてはじめて、その生徒たちに合致した目的を設定することができ、その目的を達成するための方法を検討することができます。そして、これらの問いに答えられるのは、生徒たちを日頃から見ている教師に他なりません。

ですから、**教育の目標を掲げ、それに適した方法論を選択するという教育や学習のプロセスの設計上の主導権を教師が握る**ことが大切です。アクティブ・ラーニングというと、主導権を生徒に委ねるように思われる場合もありますし、実際に授業の中では生徒に主導権を渡すことも重要である場合があります。しかし、教育活動や学習プロセスの設計という点では、今まで以上に、教師一人ひとりが主導権を発揮し、舵取りをしていくことが求められるようになります。

ただ、一方向的に「アクティブ・ラーニングの視

点を授業に取り入れなさい」「生徒の学びを促す授業を実施しなさい」と言われたからといって、アクティブ・ラーニングを促す授業を展開していけるというものでもありません。教師が本来持っている力を最大限に発揮し、真に生徒のためになるような形で教育の主導権を握るためには、以下の2つのポイントを押さえることが重要です。

①アクティブ・ラーニングを促す授業は新たに「導入」するものではなく、「再発見」するもの

②アクティブ・ラーニングの「舵取り」は一人ひとりの教師が担うものの、複数の教師が集まってはじめて「動力」ができる

アクティブ・ラーニングは、まったく新しい取り組みを教師に強いるものではありません。第4章で詳しく取り上げる本プロジェクトで実施した全国調査の結果によれば、多くの方はむしろ、生徒の深い学びを生み出す授業づくりに「昔から取り組んできた」と言います。そして、生徒の積極的な学びへの参加を促す授業を始めたきっかけを尋ねると、「自分が生徒・学生時代に受けた教育」に触発されたと答えた方も少なくありません。つまり、**アクティブ・ラーニングとは第一に、昔からあるよい授業を「再発見」し、全国のすべての教育段階の学校に広めるための一種のスローガン**だと言うこともできます。

さらに、アクティブ・ラーニングは、教師が持つ教えるスキルを軽視し、単純に生徒により多くの活動をさせるものでもありません。確かに、「取り組んでいることに生徒自らが意味を見出しながら学ぶこと」を促す以上、教師が授業中にしゃべる時間を削り、生徒同士のディスカッションや教え合い、生徒個人での思考や振り返りなどの時間に当てる場面が生じることは少なくありません。しかし、そのような教育方法の転換がアクティブ・ラーニングを生み出すためにすべての授業で必要になる本質的な要素であると言い切ることはできません。なぜなら、授業やカリキュラムは、その学校や教科、学年が掲げる教育の目的や目標に応じてカスタマイズされるべきものだからです。教育方法を問い直し、より生徒の深い学びを促せる教育方法を選定するためには、まずクラスや学年、教科、あるいは学校全体の教育の目的や目標について教師自身が見つめ直すことが必要です。すなわち、**アクティブ・ラーニングとは第二に、教師の手に「授業づくり」「カリキュラムづくり」さらには「学校づくり」のための舵を取り戻してもらい、生徒にとってのよりよい学びのあり方について、学習者としての生徒たちを最もよく知る教師自身に改めて深く議論してもらおう、という流れをつくるためのスローガン**でもあると、解釈することができます。

ただ一方で、アクティブ・ラーニングの推進を教師個人に任せておけばよいのかというと、そうではありません。一人ひとりの教師がいくら教育の目的を考えても、それを達成するためにはひとりでは不十分な場面が少なくありません。だからこそ、**アクティブ・ラーニングを自校で促していくための「動力」が働くよう、教科の枠を越えながら、複数の教師で、「自校における教育の目的とは何か」を改めて議論するような場をつくっていくことが重要になる**と考えます。

本章では、こうした考えに基づいて、生徒たちにアクティブ・ラーニングを促そうとする方が次に進むべきステップを見極めることを手助けするために、以下の4つのワークをご紹介いたします。

❶「自校流アクティブ・ラーニング」言語化ワーク
❷「準備万端」に「委ねる」授業づくりワーク
❸「わくわく授業」の秘訣発見ワーク
❹「もやもや」徹底会議ワーク

「優先順位の明確化」と無駄のそぎ落としを通して目的や内容を整理し、教師が教育と学習の「舵取り」をしながら、同僚や仲間とともにアクティブ・ラーニングを促す「動力」をつくり出す——そんな挑戦をサポートできれば幸いです。

WORK 1 「自校流アクティブ・ラーニング」言語化ワーク

Q 突然ですが、あなたは「アクティブ・ラーニング」という言葉に、どのようなイメージを持っていますか？　以下の6つの絵から、最もイメージに近いものを1つ選んでください。

A かっこいいけど、いらない舟

B 合ってるかどうかわからないコンパス

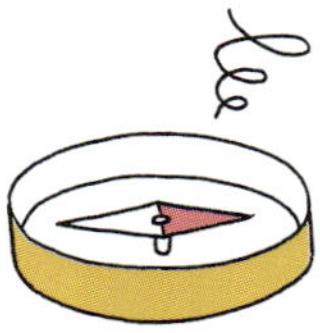

C 突然の嵐

D 遠い世界のお話

E いきいきとした魚たち

F 船頭がいない舟

Q あなたが選んだ絵にはどのような事柄が描かれていて、それがアクティブ・ラーニングのどのようなイメージに通ずると感じたから選んだのですか？　左の欄にイメージを言語化してみてください。

選んだ絵	絵がメタファー（比喩）で表現していること	絵のメタファー（比喩）に通ずるアクティブ・ラーニングのイメージ

一瞬のためらいもなく「E」の絵を選んだ方以外は、おそらく、アクティブ・ラーニングに対して何かしらの不安や戸惑いを感じてらっしゃるのではないでしょうか。

例えば、「A」を選んだ方の中には、「グローバル化社会で生き抜く人材を育てるにあたってアクティブ・ラーニングが重要である、といったことが語られているけれど、自分の勤務校は進学校でもなければ、外国籍の人が多い地域にあるわけでもないので、自校にとっては不要だ」と感じている方もいらっしゃるかもしれません。あるいは、そもそも「不要だ」と言い切れるほどアクティブ・ラーニングのことをわかっていないように感じている方は、「D」の絵を選んだかもしれません。自分や自分が受け持つ生徒たちにとっては関係のない世界の話だと思われている人も、アクティブ・ラーニングの意味がピンときていない人も、きっとまだ少なくないはずです。同じように、「B」を選んだ方には、『アクティブ・ラーニング』なんていうカタカナ言葉を文科省も使っているけど、具体的にそれがどういう意味かよくわからないから、賛成してよいのかどうか判断ができない」と思っている方もいらっしゃると思います。こうした戸惑いは、教師だけでなく、生徒やその保護者にも抱えている人は少なくないはずです。

ただ、アクティブ・ラーニングの意味するところがまだよくつかめず、自分事として捉えきれていない人が少なくないなかでも、アクティブ・ラーニングを重視した教育改革はどんどんと進められています。こうしたなかで、「C」のように、「突如、嵐に巻き込まれた」といった感覚を受けている方もいらっしゃるのではないでしょうか。「わかりやすい講義形式の授業」が求められていた時代から、一気に「生徒同士の対話や活動を通した学びを促す授業」が求められる時代へと転換しようとしているのを受けて、どこへ向かってどのように授業改善を進めればよいのか、はっきりとした答えを見つけられずにいる教師も少なくないはずです。生徒のなかでも、講義を聞いて自力で復習しながら知識を獲得していく形式の学びに満足していた人などは、急に生徒同士でする活動が増やされるのを受けて、同じような戸惑いを感じているかもしれません。

とはいえ、アクティブ・ラーニングを促す授業がうまくいくと、「E」の絵に描かれた魚たちのように、生徒の表情が生き生きとしてくるのも、また事実です。授業のなかでうまく生徒たちの主体的で協働的な学びを促せている教師は、こうした生徒の表情が印象に残って「アクティブ・ラーニング」のイメージを形成していると思います。

以上のように、**「アクティブ・ラーニング」と一言で表しても、その言葉からイメージするものはひとそれぞれ**です。だからこそ、「アクティブ・ラーニングを推進する」と言ったところで、職員室のなかはともすれば「F」の絵のようにバラバラの方角を向いた教師ばかりになる可能性もあります。本ワークはひとりで取り組むことを想定して作成していますが、もし右のワークシート部分をコピーして職員室内の同僚や、お知り合いの先生方と一緒に記入してみることができるなら、様々なイメージの違いを浮き彫りにしながら、「アクティブ・ラーニングとは何か」「自校ではアクティブ・ラーニングをどう捉え、どのように取り組んでいくか」を話し合うきっかけに使っていただければ幸いです。

自校に求められている
アクティブ・ラーニングを知ろう

イメージがなかなか共有されにくいだけでなく、アクティブ・ラーニングはそれを促す授業の形式や内容、方法論も、一つひとつの学校やクラス、そして一人ひとりの教師によって異なります。「アクティブ・ラーニングを促す授業とは、こういうものだ」と言える決まった授業の型や、「こうすればアクティブ・ラーニングが必ず促せる」といった万能薬のような秘策はありません。だからこそ、先述のとおり、**アクティブ・ラーニングをどのように促すかは、生徒たちの特徴や学校の特性に合わせて、一人ひとりの教師が考えていかなければなりません。**つまり、アクティブ・ラーニングは「教師が個別にカスタマイズ」する必要があるのです。

ここで、自身の勤務校と受け持っている生徒たちを思い浮かべながら、自分の持ち場に適したアクティブ・ラーニングについて考えていきましょう。

あなたの学校では、あなたが担当している教科や授業で、生徒たちに対して卒業までにどの程度の知識を身につけてもらうことを期待していますか？

①初歩的な内容に親しむ程度
②基礎的な概念や用語の意味を理解できる程度
③教科書に載っている知識を人に説明できる程度
④初見の課題でも、解決に向けて知識を活用しながら取り組める程度
⑤課題自体を自分で発見あるいは設定し、知識を活用しながらその解決に取り組める程度

次に、教科に縛られない汎用的な能力について考えていきます。ここでは、汎用的な能力のひとつとしての「協働性」を発揮するための基礎となる「コミュニケーション力」に焦点を当てます。

あなたが受け持っている生徒たちに対して、あなたは「コミュニケーション力」を卒業までにどの程度身につけることを期待していますか？　一つひとつのクラス、あるいは一人ひとりの生徒を思い浮かべながら、お答えください。

①他者と事務的に必要なコミュニケーションがとれる程度
②他者に自分の考えや意見を伝えることができる程度
③他者に自分の考えや意見を伝えつつ、相手の考えや意見にも耳を傾け、理解しようとすることができる程度
④様々な考えや意見を整理して、客観的に捉えることができる程度
⑤自分と他者の考えや意見を整理したうえで、そこから新たにより説得力の高い意見を導き出せる程度

このように自分自身の学校やクラス、生徒たちの大きな目標を振り返って考えてみると、求められる授業のあり方が少しずつ明らかになってきます。

上図は、求められる授業の形態の例をイラストにしたものです。自身の回答を当てはめてみると、どの象限に位置づくでしょうか？

教科内容の習得も高度なレベルを目指し、かつ協働性も高い卒業生の輩出を目指すなら、第1象限（右上）にあるような授業が理想になるのではないでしょうか。つまり、教師から生徒へ大量の知識を伝達しつつ、生徒同士でも知識や意見を伝え合い、自分たち自身で知識を定着させたり深化させたりしながら、教師自身も生徒から教科内容に新たな気づきや学びを与えられるような、知が飛び交う「雪合戦型授業」です。一方で、さほど協働性を伸ばすことを期待しないのであれば、第4象限（右下）にあるような、一人ひとりの生徒が多くの知識量を的確に理解し、その知識を定着させ、学びを個人個人で深化させられるように、教師が丁寧にわかりやすく知識を提示して、知がすっと腹落ちする「輪投げ型授業」が求められるのかもしれません。

一方で、教科に関する高度な知識の習得をさほど期待しないものの、協働性は身につけてほしいと期待する場合には、第2象限（左上）のような授業が求められます。すなわち、生徒同士で議論したり教え合ったりするなかで知識を習得していくことを基盤にしつつ、教師がところどころで議論や学びをより活性化させたり深めさせたりするための知識や視点を補足していくような「ブレンダー型授業」です。最後に、教科に関する知識も協働性もさほど期待しないのであれば、一人ひとりの生徒が授業内容に関心を持てるように、扉を開いて生徒たちが知らない世界に触れさせるような「窓開け型授業」が重要となります。

もちろん、この4象限に表される授業がすべてではありません。また、同じ学校でもクラスによってどの象限に当てはまる授業をすべきかが違う場合もあれば、同じクラスでも一人ひとりの生徒によってバラつきがある場合もあります。さらには、同じ生徒たちでも単元ごと、あるいは授業ごとに、どの象限に当てはまるかが変わる場合もあるのです。例えば、1年生の1学期の授業は、どの教科もまずは第3象限（左下）の「窓開け型授業」から始まることが多いのではないでしょうか。

いずれにしても、ここで留意すべきは、アクティブ・ラーニングを「取り組んでいることに生徒自らが意味を見出しながら学ぶこと」と捉える以上、4つの象限のすべての授業形態においてアクティブ・ラーニングは促されうるということです。**アクティブ・ラーニングは、第1象限や第2象限にあるような、高い協働性を求める授業でしか促されないわけではありません。そしてもちろん、アクティブ・ラーニングは教科に関する高度な知識の獲得を諦めるものでもありません。**アクティブ・ラーニングを意識した授業づくりとは、その生徒、クラス、学校に求められる学びを、よりよく引き出していこうとする工夫に他ならないのです。

無駄の「そぎ落とし」で整理する自校流アクティブ・ラーニング

ここまで、アクティブ・ラーニングに対して抱いているイメージを振り返り、自校に求められるアクティブ・ラーニングについて少し整理していただきました。続いては、アクティブ・ラーニングの視点を授業に取り入れるに当たって、どのような能力が生徒たちのなかに育まれることを目指すのか、期待する効果の優先順位を考えていただきます。

先の4象限の図を見ても、第1象限を目指したい先生や学校は多いと思いますが、常に第1象限を目指すことが現実的であるとはいえません。状況に応じて、優先順位を決めていくことが重要です。

Q 左の欄に、まずあなたがアクティブ・ラーニングを促す授業を通して目指すことや期待する効果を2分程度で、思いつく限り記入してください。

（3年間の高校教育を通して達成したい大きな目標でも、学年や単元に依存する具体的な教科内容の習得に関する目標でも構いません。また、担当されている授業をいくつ思い浮かべながら書いていただいても結構です。）

例）論理的思考力／意見が異なる人の話にも敬意を払いながら冷静に傾聴する力／わからない問題に対しても諦めずに取り組み続ける姿勢

2分間で、いくつ思いついたでしょうか。書いた数自体はさほど問題ではありませんが、書き出すのが早ければ早いほど、自分の授業を通して生徒にどう成長してほしいか、というねらいが明確に設定できているものと理解できます。

子どもたちに求められている能力や姿勢 21世紀型スキル

ここで、参考までに「21世紀型スキル」として近年注目を集めている概念をご紹介します。

これからの時代に求められる能力やスキルについて考察し、「21世紀型スキル」としてまとめたグリフィンら[1]は、現代を「工業経済から情報基盤経済へ」転換する時代であると分析したうえで、その転換に伴って「思考の仕方」や「働き方」にも変化が求められていると考えました。具体的には例えば、第一言語や国籍などを同じくしない人を含むチームで協働する機会がますます増えるなかで、うまくコミュニケーションをとりながら問題解決に取り組むスキルが求められるようになります。また、ICTやAI（人工知能）で動く機械をはじめとする最新技術を使いこなすスキルも、これからの子どもたちにとっては不可欠な力となります。さらには、次々と既存の業種が縮小し、新たな業種が生まれてくる社会の中で、自分なりの生き方を見つけ、キャリアや人生の舵取りをしていく力があるかどうかも重要です。

こうした変動の時代に生きる子どもたちに求められている能力や姿勢を「21世紀型スキル」とよんだうえで、グリフィンらはそれを以下の4カテゴリーに分類される10項目にまとめました。

21世紀型スキルの10項目

思考の方法

① 創造性とイノベーション
② 批判的思考、問題解決、意思決定
③ 学び方の学習、メタ認知

働き方

④ コミュニケーション
⑤ コラボレーション（チームワーク）

働くうえで必要となるツール

⑥ 情報リテラシー
⑦ ICTリテラシー

世界と関わりながら生きる

⑧ 市民性（地域で発揮するものと、国際的に発揮するもの）
⑨ 人生やキャリアについての自覚や設計
⑩ 個人の責任と社会的責任（異文化理解と異文化適応能力を含む）

1）パトリック・グリフィンら著『21世紀型スキル：学びと評価の新たなかたち』北大路書房、2014年あなたが先の欄に記入した「アクティブ・ラーニングを促す授業で目指すことや期待する効果」と、グリフィンらが整理したこれからの社会を生き抜く子どもたちにとって必要となる「21世紀型スキル」に、共通する部分はありましたか？　あるいは、どちらかにあってもう一方にはない項目はありましたか？

Q 勤務先の学校の特徴や、受け持っているクラスの様子、一人ひとりの生徒たちの特性を考慮しつつ、グリフィンらが考えたような「生徒たちが卒業後に生きる社会」とそこで必要となる能力やスキルをも想像しながら、先の欄に記入した項目の中から、特に自分が今担当している授業で優先して焦点を当てていこうと思う項目を3つ選んで、左の欄に改めてご記入ください。

Q さて、3つ書き出した項目の中から、1つ削るとしたら、どれを削ってどの2つを残しますか？　削るものを1つ選んで、右の欄に取り消し線を書いてその項目を消してください。

Q では、残った2つの項目の中から、また1つ削るとしたら、どれを削ってどれを残しますか？　削るものを1つ選んで、右の欄に取り消し線を書いてその項目を消してください。

もしクラスや科目によって何を優先するかが違ってくると思われる場合には、一つひとつのクラスや科目に応じて、同じ作業を繰り返してください。アクティブ・ラーニングを促すあなたの授業で大事にすること、大事ではあるけれども最も優先すべきことではないことの整理に、少しでも役立ったでしょうか。

Q 最後に、今までのワークを通して見つめてきた「自校流のアクティブ・ラーニング」を促す授業をもとに、「私が目指すアクティブ・ラーニング」をワン・センテンスで表すとしたら、どのような言葉になるでしょうか？

（文部科学省が提示している「アクティブ・ラーニング」の定義や、様々な書籍やメディアで語られている定義とは別に、ご自分の言葉で表現してください。）

私が目指すアクティブ・ラーニングとは……

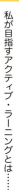

WORK 2

「準備万端」に「委ねる」授業づくりワーク

自校流のアクティブ・ラーニングのイメージが固まり、あなた自身が自分の授業にアクティブ・ラーニングの視点を取り入れながら、どのようなことを目指すのかが徐々に浮き彫りになってきたところで、生徒たちの主体的・協働的な学びを促す工夫を凝らした、「自校流アクティブ・ラーニング」の大まかな授業案を実際につくってみましょう。

この「自校流アクティブ・ラーニング」の授業づくりのためのステップは、オランダの高校教師ワイナンドらが開発したeduScrum（エデュスクラム）とよばれる教育方法論をもとにしています。ワイナンドら[2]の**eduScrumは、学習プロセスの計画や管理を生徒自身に任せることで、生徒が自律的に学ぶ経験を積むことを重視しています。**とはいえ、学習プロセスを教師が「委ねて」生徒たちに主導権を握らせるからといって、すべてを生徒任せにするわけではありません。生徒たちが満足に学習プロセスの計画と管理をできるよう、授業前の「準備を万端に」しておくことがきわめて重要になります。

本ワークは、1人でも取り組んでいただけますが、自校に同じ教科を担当する先生が複数いらっしゃる場合、その先生方と一緒に取り組んでいただければ、先のワークで考えた「学校としての」目標や「教科としての」目標についてより深く考察できるでしょう。また、実際にここで考えた授業案をもとにした授業を行う機会がつくりやすくなる可能性もあります。

Q 何ができたら、その単元を十分学んだことになるのか

あなたが担当している教科のなかで、「この単元は、将来社会に出てからも何かしら生活や思考の役に立つ知識やスキルの習得を含むので、重要だ」と思うものを1つ選んでください。簡潔に、理由も添えてください。

（例）地学—「海洋と気象」。理由は、気候変動を理解したり、行ったことのない土地に住む人たちの暮らしを想像したりする際に役立つから。

2）詳しくは、アルノ・デルヒら著『eduScrumガイド：ゲームのルール』(http://eduscrum.nl/en/file/CKFiles/The_eduScrum_Guide_1.2_japan.pdf　2016年11月12日取得)、Petra De Boer et al. (2015). *Scrum in actie: maak van elk project een succes.* Atlas Contact. などを参照。

その単元のなかで習得すべき重要な知識やスキルを、3つ以内に絞って書いてください。具体的な用語や公式だけではなく、できるだけゆるやかにその単元の内容をまとめるような言葉で表してください。

（例）
・エルニーニョ現象やラニーニャ現象といった海水温の変動の要因と影響について説明できるだけの知識
・緯度、季節、地形、人為的な環境破壊の程度に応じた気流と気候の違いについて説明できるだけの知識
・気圧変動の仕組みと高度に応じた気圧の変化について説明できるだけの知識

上に書いた項目のうち1つを選び、「生徒自身の力でこの課題をクリアできたら、この単元のこの部分に関しては合格点をあげよう」と思えるたった1つの課題を考えてみてください。

（例）「緯度、季節、地形、人為的な環境破壊の程度に応じた気流と気候の違いについて説明できるだけの知識の理解」を確認するために、「4人グループをつくり、世界の異なる国や地域の中から高度と緯度が大きく異なる都市を3つ選んで、4月、8月、12月にそれらの都市で見られる気流と気候について調べたうえで、模造紙になぜそのような気流や気候が見られるのかの説明を書き、3週間後の授業時間中に他のグループに発表しなさい」という課題を提示する

ここから、実際のグループ学習課題を作成します。次のページのシートをご活用ください。

まず、上の欄に記入した15個以内の重要項目について、教科書や資料を見れば自力でも調べて回答できるような比較的単純な設問を、それぞれの項目について1つずつ作成します。この15個以内の設問に回答できれば、右に記入した課題に自力で取り組むための基礎知識を十分に備えたものとみなします。生徒たちは、1時間分の授業時間を用いて、まずこの設問に答えます。

次の授業時間には、生徒たちは右欄に記入した課題が書かれたページに進みます。ただし、すぐに課題に取り組みはじめるわけではなく、まずは課題の最終期日（例では3週間後の授業）を伝えたうえで、生徒たち自身に期日までに誰が何に取り組むか、役割分担や作業スケジュールを決める時間を与えます。役割分担や作業スケジュールが決まったら、課題の最終期日までは生徒（グループ）主導で授業時間中に作業を続けます。教師の授業中の役割は、見回りながら適宜アドバイスや補足、注意をするにとどめます。

Step1 **教科書を読めばわかる問題を生徒たち自身の力で解く**

↓

Step2 **課題と期日を確認し、役割分担やスケジュール、やらなければならない作業を整理しながら、グループで課題に取り組む**

Q その課題に実際に生徒たちが自力で取り組もうとした場合、課題に合格するために最低限知らなければならない知識や、習得しておかなければならないスキルを、15項目以内で挙げてください。

（例）
・偏西風
・季節風
・海陸風
・局地風
・ジェット気流
・気団と前線
・温帯低気圧
・オホーツク海高気圧
・太平洋高気圧
・砂漠化
・ヒートアイランド
・オゾン層
・天気図を作成できる

グループ課題シート

■1 時間目の準備課題：

教科書や資料を見ながら、以下の設問に答えなさい。

問 1

問 2

問 3

問 4

問 5

問 6

問 7

問 8

問 9

問 10

問 11

問 12

問 13

問 14

問 15

■最終課題：

■期日：

月　　日の授業時間中に

の形で成果発表をすること。

■今後のスケジュール：

やらなければならないこと	できたらやりたいこと	今取り組んでいること	終わったこと

今の完成度：　　%

このような形で授業案を作成してみると、**一つひとつの単元のエッセンスが浮かび上がってくる**と同時に、知っておかなければならないけれどもエッセンスとはいえない知識やスキルとの線引きがしやすくなります。つまり、**「優先順位」の高いものに焦点を当て、その他のものを「そぎ落として」いくこと**ができるのです。

さらに、実際にこの授業案をもとに授業を進めてみると、授業時間中の主導権を生徒たちに「委ねる」ことにつながります。とはいえ、単元のエッセンスと基礎的な知識項目・スキル項目が明確化された「準備万端」のシートを配付しているので、生徒たちを放置して道に迷わせてしまう、といった状態には陥りにくくなります。さらに、生徒たち自身に時間管理や役割分担をも委ね、学びのプロセスを自分たちで計画・管理させることで、適度な責任感や緊張感が生じます。このことで、**「やらされている学習活動」から「自分たち自身で責任を持つ学習活動」へ**と変容していく可能性が含まれています。

最後に、こうした課題を提示すると、「グループでやるよりも自分ひとりでやったほうが早いし楽だ」と言う生徒が出現することが予想されます。そうした場合には、グループ内で役割分担を明確にさせ、常に協働的に作業しなければならないという状態を解消してもよいでしょう。また、生徒たちが少しずつこうした形態の課題に慣れてきたら、徐々に「力を合わせないと絶対に期日までに完成させられない」レベルにまで課題の難易度を高めることも有効です。あるいは、もしそのクラスあるいはその生徒に関しては、「協働性」をねらいとして重視しないのであれば、自力で取り組みたい生徒にはひとりで取り組んでもよいことにしてもかまいません。いずれにしても、生徒たち自身で学習プロセスの全体像を思い描きながらスケジュールを組み、学習を進めていくことが大切です。

WORK 3

「わくわく授業」の秘訣発見ワーク

ここまでで、学校や生徒の特徴を考慮して立てた優先順位をもとに、アクティブ・ラーニングの授業を自校流にカスタマイズしていただきました。ここで一度、「自校流アクティブ・ラーニング」の実践を実際に行ったうえで、それを振り返っていきましょう。

先の『準備万端』に『委ねる』授業づくりワーク」を実際の生徒相手に行った方は、ぜひその振り返りをしてください。まだこのワークでつくった授業を実践できていない方は、それ以外の授業を思い浮かべながら質問に回答していただいても大丈夫です。なお、「取り組んでいることに生徒自らが意味を見出しながら学ぶこと」を今までに一度も意識して授業をなさったことのない先生は少ないだろうと思いますが、もしそのような方がこの本を読んでくださっているとしたら、どんな小さなことでもかまいませんので、生徒の学びをより豊かにするための工夫を1つ以上実際の授業に取り入れてみてから、続きのワークに取り組んでください。

なお、このワークはひとりでも取り組めますが、ペアで質問を投げかけ合いながら進めると、より深い振り返りが可能になると思います。

成功体験としての「わくわく授業」を振り返ろう

まず、この1年間で行った授業のなかで、最もわくわくした授業（「うまくいった」という手応えを感じた授業や、生徒たちが普段以上に生き生きした授業）を1つ思い浮かべてください。

それは、いつ行った、何年生を対象とした何の授業でしたか？その授業内容と授業の流れを、簡単にご記入ください。

（例）5月下旬に行った、高校1年生の倫理の授業。
古代ギリシャの思想を扱う単元の締めくくりにあたる授業。生徒たちは事前にソクラテス、プラトン、またはアリストテレスの役割を割り当てられ、自分が担当になった哲学者の思想を復習してから授業に参加。授業の冒頭で、ソクラテス役2人、プラトン役2人、アリストテレス役2人の6人グループをつくった。その後、現代社会の時事問題をもとにつくった架空の社会問題を提示し、生徒は各グループで自分が担当する思想家に成りきって、その思想家の思考回路に従ってその社会問題の解決策を議論した。議論の内容は模造紙に記述し、授業の最後15分間を使って、すべてのグループが議論の概要をクラス全体に発表した。

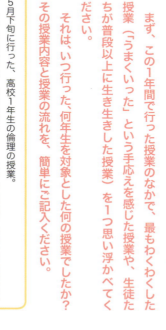

Q 次に、その授業のなかで、あなた自身がわくわくした瞬間、手応えを感じた瞬間に当たる授業場面を思い出してください。
あなたがわくわくした瞬間、手応えを感じた瞬間の情景を思い出して、簡単にご記入ください。

（例）ソクラテス役の生徒が産婆術を発揮してプラトン役の生徒とアリストテレス役の生徒に対して問答を始めたグループがあり、そのときにプラトン役のある生徒が「そうきたかー」とうれしそうに笑顔をみせた。

前問で記述したわくわくの瞬間のあなたの様子を思い出しながら、以下の４つの質問にお答えください。

❶ あなたはその瞬間、どのようなことを考えていましたか？

（例）自分が知識を教えるよりも、生徒たちにロールプレイをさせると一気に理解が深まるな、ということを考えていた。

❷ あなたはその瞬間、どのようなことを感じていましたか？

（例）今までの講義形式の授業を通して十分な知識量を得てきたからこそ、今回のロールプレイが成功したのだと思い、達成感や満足感を抱いた。

❸ あなたはその瞬間、どのようなことを望んでいましたか？

（例）他のグループでも同じくらいよい発言が出て盛り上がるといいな、と思った。早くこのグループのやりとりをクラス全体に伝えたいと思った。

❹ あなたはその瞬間、どのような行動をとりましたか？

（例）笑顔でそのグループに「よい議論をしているね」と声をかけた。

一方で、同じ瞬間の生徒の様子はどうでしたか？　思い出しながら、以下の質問にお答えください。

❶ 生徒たちはその瞬間、どのようなことを考えていたと思いますか？

（例）自分が担当する思想家になりきって、議論の内容について思考を巡らせていた様子。

❷ 生徒たちはその瞬間、どのようなことを感じていたと思いますか？

（例）楽しい、と思っていたと思う。充実感を抱いていた様子。

❸ 生徒たちはその瞬間、どのようなことを望んでいたと思いますか？

（例）もっとグループの他の役割のひとたちの発言を聞きたい、と思っている様子だった。

❹ 生徒たちはその瞬間、どのような行動をとりましたか？

（例）笑顔をみせて普段より大きな声で盛り上がっていた。

以上、あなた自身が考えていたことや感じていたことなどに関する質問４つと、生徒が考えていたことや感じていたことなどに関する質問４つ、合わせて８つの質問に答えていただきました。

これまでの質問は、オランダの教師教育者、コルトハーヘンら[3]が開発した振り返りを促すための質問項目です。わくわくした授業場面をはじめとする成功体験を時々振り返ることで、生徒がどのような様子のときに自分の授業がうまくいきやすいのか、自分がどのようなことをすると生徒が生き生きとしやすいのか、といった「わくわく授業」への鍵が、少しずつ明らかになれば幸いです。

いまいち手応えを感じられなかった「むずむず授業」を振り返ろう

今度は、この1年間で経験した、授業準備の段階での期待に比べていまいち手応えを感じられなかった授業を1つ思い浮かべてください。授業中に完全に軌道修正することが難しく、授業後に「むずむず感」が残ったものがあれば、ぜひその授業についてお答えください。

それは、いつ行った、何年生を対象とした何の授業でしたか？その授業内容と授業の流れを、簡単にご記入ください。

(例) 高校2年生の保健の授業。10月上旬。
臓器移植とドナーカードを扱う単元の2回目の授業。
1回目の授業では、脳死と臓器移植に関する医学的な基礎知識と法制度に関する基礎知識を提示していた。2回目の今回は、実際の国内外の事例や判例を取り上げながら、様々な立場に立って「自分だったら臓器移植をするか・許すか」ということをグループで考える授業を行った。最終的に、ドナーカードを配り、生徒たちに記入方法を説明した。

次に、その授業の中であなた自身がむずむずした瞬間、軌道修正をしようと思ったけれどうまくいかなかった場面を思い出してください。

あなたがむずむずした瞬間の情景を思い出して、簡単にご記入ください。

(例) 体育祭の準備を行うはずだった体育の授業が中止になり、代わりに保健を行うことになったときの授業。こうした事情から、授業開始当初から生徒たちの集中力やモチベーションが低かった。

3 フレット・コルトハーヘンら著『教師教育学―理論と実践をつなぐリアリスティック・アプローチ』学文社、2010年

いま記述したむずむずの瞬間のあなたの様子を思い出しながら、以下の質問にお答えください。

❶ あなたはその瞬間、どのようなことを考えていましたか？

（例）時間割変更は仕方ないが、こういうときはいつも生徒のやる気がなくてやりにくいんだよな、と考えていた。

❷ あなたはその瞬間、どのようなことを感じていましたか？

（例）やっぱりやりにくいな、せっかく授業準備は入念にしておいたのに残念だな、と感じていた。

一方で、同じ瞬間の生徒の様子はどうでしたか？　思い出しながら、以下の質問にお答えください。

❶ 生徒たちはその瞬間、どのようなことを考えていたと思いますか？

（例）体育祭のことを考えていたのだろうか。あるいは、頭が働いていない感じがしたので、何も考えていなかったのかもしれない。

❷ 生徒たちはその瞬間、どのようなことを感じていたと思いますか？

（例）だるいな、疲れたな、天気がジメジメしていて気持ち悪いな、と感じていたように思う。

❸ あなたはその瞬間、どのようなことを望んでいましたか？

（例）なんとか生徒たちにやる気を取り戻してほしいと思った。

❹ あなたはその瞬間、どのような行動をとりましたか？

（例）普段以上に声の抑揚に注意しながら、生徒の注意をこちらに向けようとした。話し方も、普段以上に無駄なく話し、わかりやすくしようとした。

❸ 生徒たちはその瞬間、どのようなことを望んでいましたか？

（例）連日の練習で身体が疲れているので眠りたいとか、どうせ雨で練習できないし帰りたい、と感じていたのかな。

❹ 生徒たちはその瞬間、どのような行動をとりましたか？

（例）ぼーっとしながら座っていた。

今回は、「わくわく授業」の振り返りよりも記入しにくかったのではないでしょうか。**成功体験を振り返る際には、8つの質問への回答に一貫性が高い**ことがわかっています。例えば、教師自身の考えと行動の間に矛盾があったり、教師の行動と生徒の望んでいることの間にズレがあったり、といったことが「わくわく授業」の振り返りではあまり浮かび上がってこないはずです。一方で、右の**「むずむず授業」について回答した際には、いくつかズレや葛藤がみつかるのでは**ないでしょうか。

例えば、例として挙げた保健の授業事例を見てみると、先生は「時間割変更をしたときは、やりにくいことが多い」といった過去の実践に見えるパターンについて考えながら、「やっぱりやりにくいな」「残念だな」と感じていたと記述しています。過去のことを思い浮かべて「やっぱりやりにくい」と思ったり、もうこの授業が失敗に終わったかのように「残念だな」と感じたりしたということは、この先生はいまそこで行っている授業とは別の時間軸に意識を一部置いていたことになります。その時間軸の点で、先生が考えていたこと・感じていたことと、望んでいたこと・とった行動との間にズレが生じています。さらに、生徒たちの視点では「眠い」「だるい」という感覚が強く、その感覚が一貫して思考や行動に影響を及ぼしていることがうかがえる一方で、それに先生の行動が十分対応できていないことがわかります。

あなたのむずむず授業では、どこにズレや葛藤、矛盾が見つかったでしょうか？　授業をしていてむずむずとした感覚を抱いたときには、ぜひ再度この8つの質問に答えてみてください。いくつかの実践を振り返ってみるにつれて、自分の授業ではどの質問とどの質問の回答にズレが生じやすいのか、自分はどこにズレや矛盾、葛藤が生じるとむずむずしやすくなるのか、というパターンが少しずつ見えてくるはずです。

それでは、最後の質問です。

むずむず授業とまったく同じ状況にまた直面することがあったとしたら、それをわくわく授業に変えるためにどのような工夫をしますか？　また、それはなぜですか？

（例）声に抑揚をつけながらわかりやすく話そうとするよりも、数分間でグループ替えをするなり、ストレッチをするなり、何かしら体を動かす活動を取り入れてみて、生徒たちの集中力が回復するか様子をみる。授業準備したときのシナリオから離れすぎることを恐れない。

理由は、自分はむずむず授業の最中、生徒たちがあまりに集中できていない様子に動揺し、自分以外のところにすべてその理由や責任を押しつけてしまっていたことに振り返りを通して気づいたから。自分だけはしっかり教師としての役割を果たして、「自分は悪くない」と自分にどこかで言い聞かせようとしていたのかもしれない。だけど、それでは状況はよくならないから、実際に生徒たちの気持ちをリセットさせるような工夫をしなければいけなかったのだと思う。

なお、「わくわく授業」にしても「むずむず授業」にしても、振り返る際に「答えにくい」と感じた質問があった場合には、それはあなたが日頃意識していない視点であることが考えられます。時々、授業を振り返る際にその答えにくい質問を自分に問いかけるように、ぜひ意識してみてください。

WORK 4 「もやもや」徹底会議ワーク

これまでは、ひとり、ペア、もしくは同じ教科を担当する先生とのグループでワークに取り組んできていただきましたが、本章の最後のワークはできるだけ多くのメンバーで取り組んでいただければ幸いです。教科は関係ありませんし、同じ学校の方で集まってワークをしていただけるなら何よりのことですが、別々の学校に勤務する方にゆるく集まって取り組んでいただいても結構です。

第4章で取り上げる、本プロジェクトが実施した全国の高校を対象とした調査研究によれば、「アクティブ・ラーニング」を促そうとする授業を実践してらっしゃる教師は、教科や教師歴などにあまり関係なく、主に以下のような悩みを抱えてらっしゃることがわかっています。

- 授業の進度が遅くなってしまう
- 予定していたスケジュールどおりに授業が進まない
- 授業準備に時間がかかる
- 基本的な学力が身についていない状況でどう取り組むべきかわからない
- 基礎基本の定着とどのように両立させればいいかわからない
- 形式だけアクティブで、生徒の学びはアクティブになっていない
- 話し合いに入りたがらない生徒への対応が難しい
- ベテラン教員が消極的で、教員間に温度差がある
- クラスによって進度や内容、生徒の学びにばらつきが生じる
- 学校全体での取り組みになっていない
- 信頼性・妥当性のある評価が難しい
- アクティブ・ラーニングによる学力で、生徒が大学受験をクリアできるか疑問

これらの悩みを書いた「もやもやカード」を次のページに掲載しています。

「もやもやカード」

1

「もやもやカード」をコピーして切り出して机に並べ、2～6名の先生でその机を囲うように座ってください（7人以上いらっしゃる場合には、2つ以上のグループをつくり、ワーク後にお互いのグループでの話し合いの結果を共有してください）。

2

机に置かれた悩みが書かれている12枚のカードをしばらく見たうえで、**自分がいま抱えている悩みに最も近いものを1つ**選んでください。

どうしても自分の悩みにあてはまるカードがない場合には、何も書かれていないカードが4枚ありますので、そちらに自分のオリジナルの悩みを1つご記入ください。他の先生に、自分が取ろうと思っていた悩みを先に取られてしまった場合には、2番目にしっくりくる悩みを選んでください。

3

すべての人が「もやもやカード」を1枚ずつ選び終わったら、**1人ずつ順番に「もやもや」の共有**をしていきます。自分の番になったら、まずそのカードを選んだ理由を簡単に説明してください。説明が終わったら、聞き手役に

基本的な学力が身についていない状況でどのように取り組めばいいの？
基礎学力の不足
授業準備に時間がかかるけど、その時間をどうやって捻出すればいいの？
準備の負担
どうしても授業の進度が遅くなってすべての内容を消化できるか不安
範囲の未終了
基礎・基本の定着とどのように両立させればいいのだろう？
基礎・基本との両立
アクティブ・ラーニングによる学力で、生徒は大学受験をクリアできるの？
大学受験との乖離
ベテラン教員が消極的で、教員の間に温度差がある
教員間の温度差
教員のスキルによるので、クラスによって進度や内容、生徒の学びにばらつきが……
教員のスキル
話し合いに入りたがらない生徒にどのように対応したらいいの？
なじめない生徒

なっている残りの先生たちから、その**「もやもや」を解決するためのアドバイス**をしてください。その際、自分はどのような授業をやっていて、どのような形で同じ悩みに直面し、どのようにそれを克服したのか、しようとしているのか、といったように、自身の体験談に結びつけながら解決策を提示し合うようにするとよいです。なお、自分が選んだ「もやもやカード」への解決策は提示する必要はありません。

いかがだったでしょうか？　ワークに一緒に取り組んだ方の人数分、「もやもや」の具体例とその解決策が見つかったでしょうか？　こうした具体的で実践的なノウハウを身のまわりから集めていくことにより、「自校流アクティブ・ラーニング」をカスタマイズするコツを蓄積し、授業改善につなげていただけたら幸いです。また、こうしたワークを通して、身近にいる他の教師の授業を見学してみようかな、と思っていただくことができれば、全国各地の「自校流アクティブ・ラーニング」が相互作用で勢いを増していくのではないかと考えています。

(→実際に「もやもやカード」でワークしている様子は、次章をご参照ください。)

以上、本章では４つのワークを通して、学校やクラス、生徒の状況に応じて「優先順位」をつけて無駄を「そぎ落とし」ながら、準備万端に「舵取り」しつつも授業中は生徒に学習プロセスを「委ねる」、「自校流アクティブ・ラーニング」の授業をつくり、振り返り、共有していただきました。冒頭でも述べたとおり、アクティブ・ラーニングは誰かが一般的な定義や、方法論、型などを提示できるものではありません。本章で提示した「取り組んでいることに生徒自らが意味を見出しながら学ぶこと」（そのためには、能動的であったり協働的であったりする活動にところどころで取り組む）という定義も、とても曖昧で、けっして「どのような授業をしたらよいのか」という問いに答えうるものではありません。**アクティブ・ラーニングとは、一人ひとりの教師が、自分の持ち場の状況をふまえながら、定義し直し、工夫し直し、振り返りながら軌道修正し続けるもの**です。

しかし、日々実感している先生は多いと思いますが、教育や学びはそもそも一般的な「型」をつくって子どもたちに当てはめることがとても難しい営みです。子育てには、多くの保護者が参考にできるコツや、絶対にやってはならない禁止事項はありますが、「これをすればよい子に育つ」という型はありません。まわりの大人たちがその子のためにカスタマイズした子育て法を実践して、子どもは育ちます。また、少しずつ大人になってくると、まわりの人のアドバイスなどを受けながらも、自分の特性を考慮して、自分に合った学習方法や生活習慣などを自らカスタマイズして実践するようになります。ですから、高校でも、先生が学校やクラス、生徒一人ひとりの特性を見極めながら、学習内容の深さや学習活動などをカスタマイズすることは、教育や学びの自然のあり方なのかもしれません。また、「取り組んでいることに生徒自らが意味を見出しながら学ぶこと」で、生徒たちが主体的に学習する機会を増やし、**生徒が自分の特性を自覚しながら自ら学習方法をカスタマイズする経験を積むことができれば、卒業後も「アクティブ・ラーナー」として学び続けられる**ことが期待できます。さらには、自分の興味関心をよく理解できることで、卒業後のキャリアについても、生徒が自ら考え、目標を設定し、その目標を達成するための道をカスタマイズできるようになれば、それは高校でのアクティブ・ラーニングが大成功したといえるかもしれません。

本章が「自校流アクティブ・ラーニング」カスタマイズの一助となれたら幸いです。

参考文献

1）パトリック・グリフィンら著『21 世紀型スキル：学びと評価の新たなかたち』北大路書房、2014 年

2）アルノ・デルヒら著「eduScrum ガイド：ゲームのルール」（http://eduscrum.nl/en/file/CKFiles/The_eduScrum_Guide_1.2_japan.pdf 2016 年 11 月 12 日取得）

3）フレット・コルトハーヘンら著『教師教育学―理論と実践をつなぐリアリスティック・アプローチ』学文社、2010 年

4）Petra De Boer et al. (2015). *Scrum in actie: Maak van elk project een succes.* Atlas Contact.

3 Discussing Active Learning

現場から語るアクティブ・ラーニング

現場から語るアクティブ・ラーニング

アクティブ・ラーニングにまつわる「もやもや」出しから「わくわく」づくりへ

私にとって
アクティブ・ラーニングとは？
Serendipity
安宅弘展
アクティブ・ラーニングとは？
生徒を信じて
待ち続けること
ごどわかこ
ラーニングとは？
田中智輝

神戸 和佳子（東洋大学京北中学高等学校）×安宅 弘展（広島女学院高等学校）×田中 智輝（東京大学）×岩佐 純巨（鈴鹿中学校・高等学校）×中原 淳（東京大学）

座談会

アクティブ・ラーニングという言葉の広がりとともに、あるいはそれに先立って、高校教育の現場では生徒の深い思考と豊かな学びを支えるための様々な試みがなされています。

今回は、従来の「教える－学ぶ」関係を問い直すような教育実践に取り組まれている神戸和佳子先生、安宅弘展先生、岩佐純巨先生のお三方をお迎えし、マナビラボのラボ長である中原淳准教授とともに、日々生徒の学びと向き合うなかで感じている「もやもや」の先にどんな「わくわく授業」の形が見えてくるのかを語っていただきました。

田中智輝
（たなか・ともき）
東京大学大学総合教育研究センター特任研究員。専門は教育哲学、シティズンシップ教育。

田中　お集まりいただいてありがとうございます。本日、司会を務めさせていただきます東京大学の田中智輝と申します。さっそくですが、みなさまから簡単な自己紹介をいただければと思います。どうぞよろしくお願いいたします。

♥神戸　神戸和佳子と申します。都内の東洋大学京北中学高等学校で、高校の公民科の倫理を教えています。授業は「哲学対話」といわれるアプローチを取り入れて行っています。また、中学校の道徳の一環で「哲学」という授業を担当している関係で、中学生とも似たような授業をする機会があります。

♠岩佐　岩佐純巨です。三重県の私立の鈴鹿中学校・高等学校で数学を教えています。教員生活25年目、今年でリタイアします。今日もお若い先生の間で、一番年寄りだと思うんですけれども（笑）。本日はよろしくお願いいたします。

♣安宅　安宅弘展です。広島女学院中学高等学校という女子校で働いています。教科は社会科、専門は日本史。スーパーグローバルハイスクールの指定校になったので、それに関連する課題研究をやる選択授業も受け持っています。

◆中原　東京大学の中原淳です。専門は人材開発なんですけど、社会に出てから必要になるようなスキルを大学や高校の段階から身につけていくことが、ますます重要になっている時代だと感じています。そういう点で、高校の先生方のご実践にとても興味があります。今日はどうぞよろしくお願いいたします。

アクティブ・ラーニングに取り組むようになったきっかけは？

田中　本日は、世代も違う、教科も異なる先生方にお集まりいただいておりますが、アクティブ・ラーニング型といわれるような授業に取り組まれるようになったきっかけをお聞かせください。

♥神戸　私は全く別の研究を大学院でやっていて、たまたまその関係でハワイに行くことがあって、本当に何も知らずに現地の小学校を見せてもらったのですが、そこの哲学対話の授業がすごくいいなと思って興味を持ったのがきっかけです。

田中　どういったところに惹かれたのでしょうか。

♥神戸　生徒たちが円座になって、ある問いをめ

神戸和佳子

（ごうど・わかこ）

東洋大学京北中学高等学校非常勤講師、東京大学大学院教育学研究科博士課程在学。公民科。「哲学対話」の手法を通して、生徒自身の言葉で倫理を語り直す実践に取り組む。

ぐって哲学対話をしていたのですが、その様子を見ていると、彼らは頑張ってないんです。無理していないというか。わからなかったら相手に率直に「説明して」と言う、聞こえなければ聞き返す。何か言いたくなったら発言する。普通のことを普通にやっているという感じがして。でも、それって実際にはなかなかできないですよね。社会でもできないし、学校だったらなおさらできない。

田中　確かに学校ってなぜか普通のことをすることが難しい空間でもありますよね。

♥神戸　先生のほうも先生のほうで、生徒を成長させたいという思いがあるので、いい発言をさせようとしてみたり、もうちょっとここが深まらないと授業が終われないみたいなことがあると思うんです。ハワイで私が見た授業では、そういうのが一切なくて、「時間が来たから終わります」みたいに。それを1年生から6年生までずっとやっているので、一つひとつの理由をちゃんと言うとか、よく人の話を聞くとか、質問し合うっていうことが、自然に徐々に身についていっている感じがして、それはなんだかとってもいいなと思ったんです。でも、日本に帰ってきて、まわりの人に見てきた話をすると、全然よさが伝わらないわけです。私もうまく言語化できないので、自分でやって、再現できたらきっと伝わるんじゃないかと。それでやるようになったらはまってしまって、仕事になっちゃったっていう感じです。

田中　ハワイでのご経験をもとに実際に神戸先生ご自身が実践されるようになっていかがでしたか。

♥神戸　最初はうまくいかないです。そもそも生徒たちは授業で発言すること自体に抵抗があるんですよね。教師が「間違ったことなんてないんだよ」といくら言っても、生徒は「先生が教えてくれればいい」とか「発言するのが怖い」と言うんです。「みんなの前でしゃべるのが嫌だ」って。最初は**もっと普通の授業をやってほしいと願う生徒からのプレッシャーをものすごく感じました。生徒たちは戸惑うんだと思います。**

♦中原　そうか。実は、生徒自身も、これまでの教育でも強固な授業観とか、学校観とか、先生観を形成しているわけですね。そんなわけで、突然そういうことをやられると、「おいおい」となるんでしょうね。

♠岩佐　僕がアクティブ・ラーニングに取り組みはじめた動機は、実はそこなんです。僕らの時代とは全然違って、今の子どもたち

岩佐純巨

（いわさ・じゅんきょ）

三重県の鈴鹿中学校・高等学校教諭。数学科。すべての生徒が数Ⅲまで学ぶ高校で、全員が内容を理解できるよう、生徒同士が教え合う活動を積極的に取り入れる。

の学習観は**「勉強って教えてもらうもんだ」って思い込んでいる。**子どもだけじゃなくて、親の世代にも言えるのですが。だから、教師は教えるもの、学校は教えてくれる所、学校でわからなかったら塾へ行って教えてもらう、塾でわからなかったら家庭教師だ……、という感じで。**教えてもらう場所を探すのが勉強だと、保護者も子どもも思っているような気がします。ですので、そういった学習観を変えるというのが、私の動機になっています。**ただ、変えるといっても、それは大変なことなのですが。

◆中原　大変ですよね。ビリーフ（信念）に近い部分ですからね。生徒の考える「学校ってこんなもんだ」「授業ってこんなもんだ」「教師ってこんなもんだ」っていうのは、長い時間をかけて蓄積のなかつくられるものだし、保護者の信念が、生徒の信念に反映しているケースもあるんですよね。

♣安宅　だから、答えをわかりやすく教え込んでいくのはいい先生であり、アクティブ・ラーニングみたいに正解がよくわからないみたいなことをやると、「誰が先生なんだかわからない」みたいな評価になっちゃうこともある。

♠岩佐　保護者にアンケートをとると「この授業は先生がしゃべらない」「サボっているのではないか」という旨の回答が返ってくることがいまだにあるんですね。

♣安宅　そう。返ってきますよね。

♠岩佐　今では、保護者も含めて子どもたちの学習観が変わってきている。何とか子どもたち自身にもうちょっと受け身じゃない勉強をさせたいなって思い始めたのが、10年ぐらい前です。ちょうどその頃に協同学習っていうのに出会って、これは使えるかなと自分の授業に取り入れるようになりました。それまではもうしゃべりまくりの授業で定評があったんです。黒板3往復するぐらい（笑）。それに出会ってからはもう極端にしゃべらなくなって、最初5分、真ん中5分、最後5分っていうのが今、僕が大体タイムスケジュールで一番理想としているところです。もちろん伸び縮みはありますが。

田中　そうなんですね。では、安宅先生が今のような授業を始められたきっかけは、どういったところにあったのでしょうか。

♣安宅　私の場合、生徒から批判されたことがきっかけになっています。**「自分で考える力をつけましょうと言いながら、でも先生たちがやっている平和学習って答えありき**

安宅弘展

（あたぎ・ひろのぶ）

広島女学院高等学校教諭。地歴公民科。スーパーグローバルハイスクールの指定を受けながら、結論ありきの平和教育を超える「Peace Studies」の授業を実施している。

ですよね」ということを生徒から言われました。そこで、その子たちに「一緒に授業を考えてくれ」と話したんです。そうして子どもたちと一緒に授業を練っていったのが始まりです。

田中　それは厳しい批判ですね。

♣安宅　私が担当しているのは社会科ですけど、確かに受験勉強だと答えがあるんです。この人物はこういうことをしましたとか、この選択肢の正解は4番ですという形で答えられる部分はありますので。そういった流れで、「平和」について自分なりに考えてみようと言っても、子どもたちはやっぱりどこかに答えがあるんじゃないか、嘘くさいなと感じたのだと思います。

♦中原　そういう矛盾って、突かれると痛いんですよね。

♣安宅　痛いんです。だから、そのときは課題研究を徹底的に考え直さなきゃいけないないなと思いました。

田中　課題研究ではどのようなことをされているのでしょうか。

♣安宅　広島っていう土地柄もあって、課題研究の中身は平和構築でした。夏は広島のことを学んで、春はパールハーバーに行って考えてみようと。その事前学習で、戦争をめぐる日米の歴史観の相違や、お互いに対する憎悪みたいなものをいかに超えられるのかというのをテーマにしてディスカッションしました。かなり白熱しまして、ようやくこんなことがオープンに議論できるようになったという手応えもありました。すごく楽しかったんです。

田中　なるほど。やはり試行錯誤の過程があってはじめて手応えを感じられるような場面に出会えるといった感じなのでしょうか。他の先生方はいかがでしたか。

♥神戸　私は、高校1年生に倫理を教えているのですが、授業内で話をしている様子を見ている限りでは、入学からまだ3か月ぐらいだと特に手応えはないんです。悲しくなるぐらい（笑）。けれど、夏休みの宿題で「哲学エッセー」と呼んでいる作文を書いてもらうんです。「テーマは何でもいいので、自分が書きたい問いを立てて、それについての考えを好きなように書いてきてください」という課題です。それをちょっと書き直して、冬までに完成させて、ひとつの作品にしていきます。その作文を見ると、**「授業では全然手応えが見えないのに、生徒たちの中で何かが変わってきているのかな」と気づくことが**

Nakahara Jun

中原淳

（なかはら・じゅん）

東京大学大学総合教育研究センター准教授。専門は人的資源開発論・経営学習論。「大人の学びを科学する」をテーマに、企業・組織における人材育成やリーダーシップ開発を研究している。

あります。そういう意味では、授業の外で手応えを感じることのほうが多いかなと思います。

アクティブ・ラーニングに広がる「すぐ変わる幻想」!?

◆中原　**アクティブ・ラーニングと効果っていう観点で思うことがあるのですが、「すぐ変わる幻想」ってありませんか？**「こういう授業をやれば、一気に生徒の目が輝きだして主体的になりました」とか。ある先生と話していて印象的だったのは、「先生、アクティブ・ラーニングやり始めたんですけれども、効果出ないんです」って言うんですよ。だから「いつからやり始めたんですか？」って聞くと、「昨日」だって言う（笑）。

♥神戸　2年生の子たちにも昨年同じ授業を教えていたのですが、2年生を3月まで教えて、そのあとの4月に新1年生を前にすると、「あ、去年の授業は効果あったんだな」って後から思います。学校という場で、生徒がいきなり生き生きし始めたりすることはないですよね。ですので、手応えといっても、そういう地味な手応えですね。

♠岩佐　私の場合も、生徒が思うように動き始めてくれるのには、1年かかりましたね。最初、1〜2回で、形はそれらしくなりますが、神戸先生がおっしゃったようにごく自然な会話、自然な話、自然な傾聴で、この子ら頭が動いてるなって思いはじめるのは、やっぱり1年かかります。特に今高校3年生を持っていて、2学期からは演習中心になっていくので、もう1段階子どもたちのよさが引き出せるのではないかと楽しみにしています。

アクティブ・ラーニングで問い直される教師の教授観

◆中原　先ほど、岩佐先生が以前は黒板3枚分を行き来する授業をされていたとおっしゃっていたのですが、それもある意味「話芸」というか「黒板芸」だと思うんです。これを捨てるって結構痛みはないですか。今まで築いてきたものですから。

♠岩佐　正直に申しまして、大変です。その頃は教えるっていうか、伝えることが仕事だと思っていましたので、最初はやっぱりついしゃべりたくなるんです。**子どもらが回りくどいことをしていると口を出したくなるのですが、そこをぐっと我慢すると、子どもらは今自分が持っているも**

ので考え始める。本来学習っていうのは、経験とか習ったことも込めて、既有知識を自分なりに活用できるようになるということではないかと思うんです。その作法とか、きっかけを与えるのが教師の仕事かなとその頃思い始めました。

田中　なるほど。待つというのは実はとても大変ですよね。

♠岩佐　実は僕、高校時代は先生が間違えることを一生懸命探すような子だったんです（笑）。だから、最初のうちは間違えている教師がすごく嫌で。自分が教師としてやるためには、完璧に教えなきゃいけないと考えていました。でも自分の高校時代をよく思い返してみたら、教師はそれほど教えなくていいんだなと。次のステップへ行くお作法さえ教えればいいなって。それに気づいたのがちょうど10年前です。55歳のときですから。自分でもよく変えたなと（笑）。

♣安宅　今、先生のお話を聞いていて、僕は「教科書に載っていることを隅から隅まで自分が説明した」っていう満足を得られるかどうかにこだわり過ぎているのかなという気がしてきました。**「教師が言いたいことを言った」っていうのと「子どもたちが理解できた」っていうのは、別次元の別物だということですよね。**

◆中原　確かに、先生が400ページ教えたということと、生徒が400ページ分学んだっていうことは別ですよね。

♣安宅　そうなんですよね。だから、今、先生のお話を聞いて、内容を消化するっていうのは、主体を僕から生徒に移さなきゃいけないんだろうなっていう気がしてきました。

♥神戸　あと、やっぱり教科書や学習指導要領はあるので、これしかやらなかったけどこれでいいのかなっていう迷いは常にありますよね。結局、私自身がしっかり授業の目標を見据えて、自信を持って「これでいいんだ」と思えるようにならないと、誰も「それでいいよ」とは言ってくれない。でも、教科書どおりにやれば、少なくとも教科書は「それでいいよ」って言ってくれるわけですよね。

◆中原　そうですよね。教科書のとおりに進む授業に比べて一見非効率に見えるやり方かもしれないけど、ここぞという部分をきちんと伝えたほうが覚えるという考え方もある。

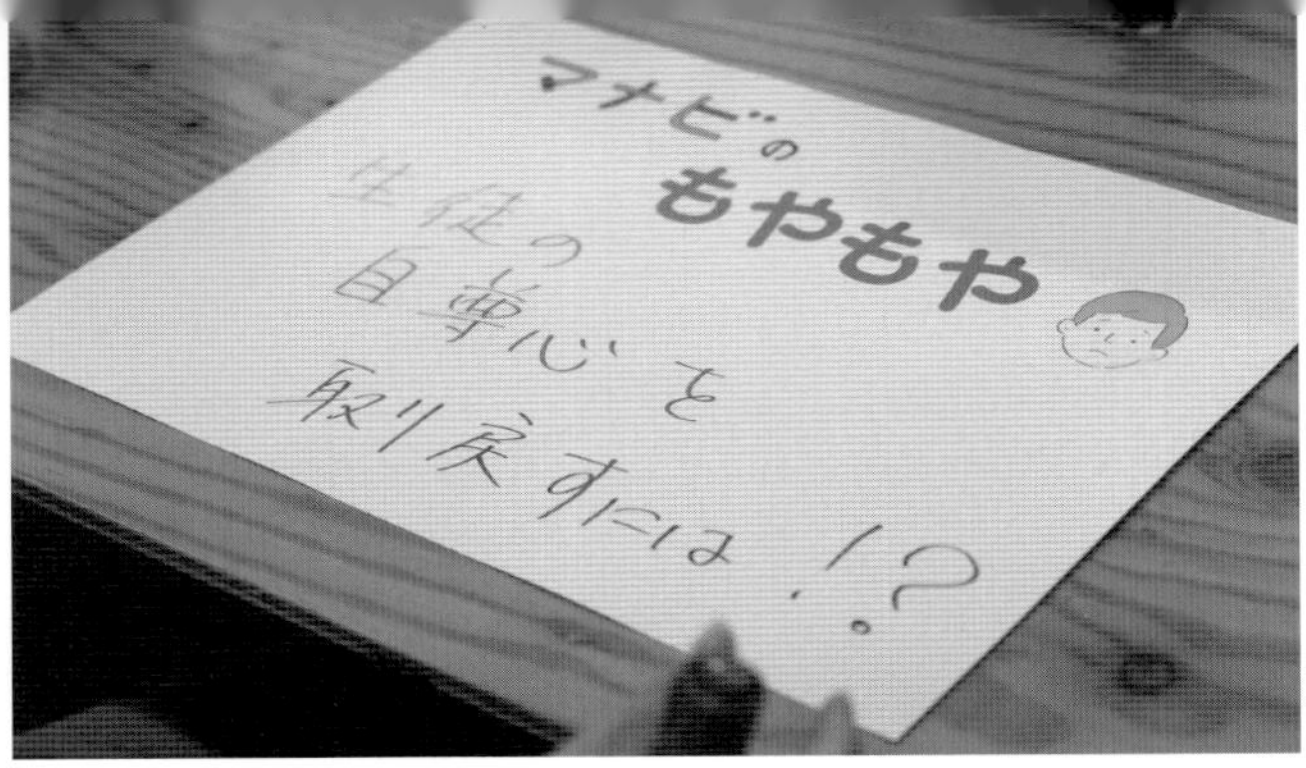

もやもやの共有がわくわくの始まり

ここで、お集りいただいた先生方に「もやもや徹底会議ワーク」を使って、日頃ご自身が感じておられるもやもや、今の悩みについてお話しいただきました。その後に、高校全国調査の結果において明らかになった「アクティブ・ラーニングをめぐる悩み」として多かった12項目から、特に共感する「悩み」を選んでいただき、それについて議論していただきました。

田中　まずはお配りしたフリップボードに、先生方が日々の実践のなかで感じておられるもやもや、あるいは教育へのもやもやを書いていただければと思います。お願いします。

田中　では、まずは神戸先生のもやもやからお聞かせいただけますか。

♥神戸　私は「生徒の自尊心を取り戻すには!?」というところでもやもやしています。

田中　神戸先生のもやもやに強く共感されていた安宅先生はいかがでしょうか。お書きいただいた"I'm OK."ですが、どういった意味が込められているのでしょう?

♣安宅　私も自己肯定感についてなんです。でも、これ生徒のじゃなくて、教師も含めてなんですが。

♥神戸　教師の自己肯定感のもやもや、わかります。つらくなりますね。

♣安宅　アクティブ・ラーニングというと基本的に、子どもたちが自分たちの発言で授業を展開させていくようなところが大きいと思うんです。そのとき、自分は議論に貢献できるとか、そういう「私って大丈

夫だ」っていう感覚が根底にないと難しいんじゃないかと思うんです。やっぱり、先生が想定している答えを言わないといけない感じがどうしてもあって、そこから外れることは極力言わないようにしようみたいな文化が根強いんですね。なので、**君は何言っても大丈夫だよ、間違いも正解もないから、思ったときに思ったことを言って聞いて……、みたいなことを実感を持ってできるセーフティーな（安全が保証された）空間に教室を変えていくというところが課題です。**

♠岩佐　特に、国語科や社会科はその要素が大きいですよね。

♣安宅　それは、ありますね。

♠岩佐　国語科も社会科も「どう考えるか」「どう感じるか」みたいなところが論点になりやすいんだと思うのですが、そこで何らかの「答え」めいたものが想定されてしまっていて、それ以外の発言をすると暗に却下されてしまうようなところがありますよね。

♣安宅　どうしてなんでしょう。

♠岩佐　数学科なんかはその点では楽なんです。

田中　答え自体は1個に決まるからということですか?

♠岩佐　そうです。新しいことを知らなくても、その子の既有知識で解決するような問題を探してきて、ポンと与えてやると、だいたい解決できるんです。そういう成功体験を増やしていくと、自分で考えるようになります。

♣安宅　「成功体験」というのは重要なキーワードだと思います。自分の思いを発言しても、「そうじゃない」って言われているように感じてきた子どものほうが多いように思います。

♥神戸　ただ、授業中にほめられた子もあんまりぴんと来ていないということも多い気がします。思ったこと言っただけなのになんでみんな喜んでいるんだろう、みたいな。そこでちょっと面白いのは、哲学対話の授業をすると、はじめからしゃべる子も、対話の中で生き生きしてくる子も、必ずしも勉強がいつもできる子だけじゃないんです。

♣安宅　なるほど。

♥神戸　"I'm OK."って思っている子たちは授業を盛り上げてくれるし、自己肯定感をそれぞれの仕方で持ち、また高めていってく

れます。ただ、それはそれですごくいいんですけど、はじめから「ちょっと私、そんなの無理」って思っている子たちのなかには「哲学の授業はみんないろんなことをしゃべって、いろんな意見が聞けてすごく楽しいけど、でも、私のこのどうしようもなさは変わらない」みたいなことを感じている子がいることも確かなんです。「話を聞いているだけでいいんだよ」「そんなあなたも十分参加しているんだよ」って、教師はそう思っているんですが、当人はそんな自分を受け入れるところまでまだ行けない。そういう子と向き合いながらもやもやしますね。

田中　教室が心理的に安全な場になってるかどうかというあたりが大きいのでしょうか？

♣安宅　そうですね。**やっぱり教師との関係、クラスメイトとの関係で、安心・安全と思えるかどうかって大きいんじゃないかなと思います。**

田中　岩佐先生はいかがでしょうか？　ボードには「アクティブ・ラーニング・ブーム、なぜのない実践につながっているんじゃないか」ということへのもやもやが書かれておりますが。

♠岩佐　アクティブ・ラーニングがスキルに走っている傾向にあるのではないかと感じます。いい発言をすることがあまりに期待されすぎているというか。聞くだけじゃなくてしゃべらなきゃいけないといって、授業のなかでの一人ひとりの役割を決めるなんてことまでされている場合もあります。でも、神戸先生もおっしゃっていたように、いい発言をするんじゃなくて「自然に発言できる」、ひとの発言を「自然に聞ける」、そこでまた「自然に思考に向かう」というのが本来の学びの姿なのではないかと思います。特に去年ごろからブームのようにアクティブ・ラーニングが脚光を浴びるようになってからは、形式ばかりが先行するようになっているように感じます。

田中　方法論や形式的なメソッドばかりが先走っているというような印象でしょうか？

♠岩佐　そうですね。アクティブ・ラーニング関連の書籍などを見ていても「こうでなければならない」「この水準までやらなければならない」といった感じのアナウンスが多すぎるんです。思い切って言ってしまえば、変な専門家が増え過ぎている。つまり、**自分が昔からやっていた方法論を広めたり、それでもって今の実践を批判**

したり。そういったものに限って、本来の学習のあり方や、生徒の学びと向き合うことから、ずれていってしまっているような気がします。

◆中原　最近では本屋にもアクティブ・ラーニング本のコーナーがあったりするんですよね。

♣安宅　書店に行って思うのは、アクティブ・ラーニング関連の本はたくさん出されていますけど、how toに関するものが圧倒的で、whyに関するものってほとんどないんですよね。**なぜアクティブ・ラーニングなのか、何のためにやるのかという、そこが問われていない。**

♠岩佐　そうなんですよね。何より「実践者本人がなんでアクティブ・ラーニングを促す授業をするのか」といった語りが置き去りにされている。そういうことを抜きにした所で進んでいる気がするんです。**私の場合、アクティブ・ラーニングは実践する教師の動機、教育観、教師観、教材観、それ次第で成功するかしないか決まると思ってるんです。**

♥神戸　あと、「どこでも誰でもどんな子どもでもできる方法」みたいな雰囲気が漂っていませんか?。そんなわけないだろうって思ってしまう（笑）。

♣♠安宅・岩佐　そうそう（笑）。

♥神戸　要するに「自分がどんな人で相手がどんな生徒でも、こういう手法は有効です」っていう感じがあります。だけど、例えば今みなさんとお話しているとすごく参考になるんですけど、同じ授業を私が自分の学校に行ってやったって絶対にうまくいかない。だから、**参考になっているのはその「型」じゃなくて、どこか別のところだと思います。**how toみたいな内容だと、試してみてもいいけど、試してみるだけだなみたいな感じ。

♣安宅　岩佐先生もおっしゃっていましたが、その点については教師もやっぱり「正解ちょうだい」になってしまっているんだと思います。自戒を込めてですけど。

どうしても授業の進度が遅くなってすべての内容を消化できるか不安
範囲の未終了
授業準備に時間がかかるけど、その時間をどうやって捻出すればいいの？
準備の負担

高校全国調査から見えてきたアクティブ・ラーニングのもやもや

田中　アクティブ・ラーニング型の授業の悩ましさについてなのですが、実は全国調査で出てきた先生たちのアクティブ・ラーニングの悩みから、中心的なものを12項目ほど集めてきました。この中から共感される悩みを選んでいただいて、他の二人の先生に答えてもらうというワークをやってみたいと思います。自分は答えられないような難しい課題を積極的に選んで、他のお2人の先生に投げかけてみてください。

♥神戸　どれも答えられそうにないなぁ（笑）。早いもの勝ちですね。

田中　はい。ちょっとゲームみたいな感覚でやってみてください。では、どなたから始めましょうか？　中原先生はいかがですか？

♦中原　「授業準備に時間がかかるけど、その時間をどうやって捻出すればいいの？」という悩みと、「どうしても授業の進度が遅くなって、すべての内容を消化できるか不安」という悩みについてお聞きしたいです。

♣安宅　その悩みわかります。

♦中原　そうですよね。授業の進度の悩みは、「効率性」という点では、ある意味、ワンウェイ（一方向）で話し続ければ一応終わったことにできますよね。生徒がその内容を理解しているかどうかは別にして。

田中　授業準備の悩みはいかがですか？

♠岩佐　両方同じところからきていると思います。特別な教材を作らなきゃいけないと思って、準備に時間がかかる。アクティブ・ラーニング型にすると、自分のしゃべる時間が減るから終わらない。スタートの発想がそこになってしまっているんですね。**今までの授業をそのまま平行移動してやろうとするから、どうしても授業進度の問題が出ちゃうんじゃないかと。むしろ重要なのは、「この単元の到達目標はここだ」っていう「学習目標のエッセンス」を教師が抽出して明確にすることです。**その学習目標に向かってそこへ到達するように子どもたちに活動させるという意識で授業計画をちゃんとすれば、あっという間に終わっちゃうんです。だから、むしろ進度自体は早くなり過ぎるくらいです。

♦中原　目標が「ここだ」ってあったら、ここと

話し合いに入りたがらない生徒にどのように対応したらいいの?
なじめない生徒

ベテラン教員が消極的で、教員の間に温度差がある
教員間の温度差
信頼性・妥当性のある評価は難しいどう点数化すればよいのか……
学習の評価

ここの間はもう自由にやっていい。でも、普通の教師の頭の中には、「俺が説明した後で演習をやらせる」という考えがある。「その上にさらに何か足すのは無理だ」という悩みなので、その考え方の型から手放せということなんですよね。

♠岩佐　僕はそう思います。

アクティブ・ラーニングが苦手な生徒も、アクティブ・ラーナーでいられるために

田中　続いて、安宅先生が選んだもやもやについてお聞かせください。

♣安宅　「話し合いに入りたがらない生徒にどのように対応したらいいの?」という悩みについてなのですが……。

田中　グループワークや議論の輪に入りたくない、まだその環境になじんでない、なじめない生徒にとって、最初の一歩がすごく大きいなっていう気がします。

♣安宅　そうなんです。やっぱり人間関係のいろいろがあって、どうしても輪に入りたくない、入らないっていう子が出てくるんです。

♠岩佐　形式的に入れようとすると、失敗しますよね。

♣安宅　そうなんです。

♠岩佐　特に高校ぐらいだと、今、小学校や中学校でグループ学習、協同学習させられてきて、どちらかというと「させられた感」を持った子が入ってくるんです。そうすると、「またか」という感じでアクティブ・ラーニングを受けるということになります。そうするとなかには、「先生、ごめん、アクティブ・ラーニングだけはやらないで」って言う子がいて、今増えてきている印象があります。

♣安宅　例えば先生の数学の時間で、一言も話さないし、ひとりでいるみたいな子に対しては、どうされているんですか。

♠岩佐　そのままにしておきます。けれども、課題を与えます。でも、その子のやっているのを隙間からのぞきに行くんです。そうすると、ある程度気の利いたことをやっているんです。そういう部分をほめる。そうしたことをくり返していって、生徒が少しずつ自信をつけてやっていることがどんどん大きくなったときがチャンスなので、赤ペンで丸をあげる。そうすると、グループ内を仕切るようになって、大き

い声で説明し始めるんですよ、ある日、突然（笑）。1学期いっぱいかかりましたけど。

♣安宅　**それはもう先生が1学期間、"You are OK."というメッセージを出し続けられたっていうことですよね。**

♠岩佐　そうかもしれません。だから、その子が何をやっているのかをつかむ必要はあります。そこから、その子のよさを引き立てる。そこの部分は我慢比べですよね。ただし、**そういう子であっても絶対学びを拒否しているわけじゃないんです。**

生徒の学びをどう評価するのか、できるのか、していいのか？

田中　神戸先生はいかがでしょう。

♥神戸　「信頼性・妥当性のある評価は難しい。どう点数化すればよいのか…」という悩みを選びました。実は私自身にも先日、教員評価のアンケートが返ってきたんです。説明の仕方とか、あと授業が活発で楽しいとか、そういうのはそれなりに点数がいいのですが、点数が悪いのは、「この授業で何ができるようになったかわからない」というところ。「自分の成長を感じるか」という項目があって、それはみんな「よくわからない」って回答するんです。それはそれである意味いいと思いますが、やっぱりせっかく授業に来たから、点数じゃなくても自分はよくなったって感じてほしいような気もして。どうしたらいいんだろうと。

♠岩佐　やっぱり学力の3要素の「知識・技能」、「思考力・判断力・表現力等」、そして最後に「主体性」をどうやって評価するんだっていうのはありますよね。**われわれ教師側から感覚的に評価するのではダメだろうという段階が来ると思います。だから、振り返りをうまくさせる方法を追求したほうが早いかなという気がします。**

♦中原　チャレンジングな課題ですよね。「さあ、振り返ってごらん」って言って、いい振り返りになるのかって問題もあるじゃないですか。

♥神戸　相互評価が結構楽しいなって、最近思います。やった後にふっと、しかもそれも点数とかじゃなくて、「ここがよかった」とか、「彼がこうしてくれたからよかった」ということを自由に書いてもらうんです。教師としては、そうしたことを書いてもらったプリントをガシャンって留めて、

ただ本人に渡すだけなんですけど。

♣安宅　実は私は、今後の自分の課題として「省察のポートフォリオ」を作成することを掲げているんです。子どもたちが振り返りをしていくのを、どうシステマチックに保存していったらいいのかということです。中高6年間あるので、毎年、毎学期、いろんな経験を子どもたちがしていって、そこで考えたことをちゃんと体裁を整えて保存するということがあまりできていないので。自分の思考過程を言葉にして、後から振り返って見ることができるようなものができないだろうかと思っています。そういったものが本来、指導要録とかに書かれるべきだし、推薦入試などのときでも、志望理由書とかにも書いていかれるべきなんじゃないかなって思っています。言語化されたものが残っているって、成長にはすごく大きいと思います。

♦中原　そうですよね。「今日の自分は明日の他人」みたいなところがある。だから、残してあげるっていうのは、すごくいい気がします。岩佐先生は毎回とられておられるんでしたっけ、振り返り。

♠岩佐　今教えている子たちは、毎日書かせていた時期があったんですけれども、毎日はその日の印象に残っていることしか書けないので、週に1回にしました。週に1回と単元が終わったときに、ちょっと大きいサイズの紙に書いてもらう。それをずっと続けています。僕の場合、感想とかは書かさずに、今日の学びのポイントは何か、それを受けて自分の学習課題は何か、習ったことを要約させて、自分の学習課題を書かせるスタイルです。やっぱり1年たつと、本当に的を射た要点を書く子が出てきてくれるんです。

田中　「何でもいいから振り返ってください」というのとは違って、「要約する」というのはすごく大事な振り返りになる気がします。

♠岩佐　要約は大事です。この単元で必要最小限のこと、「これとこれさえ知っていたらこの単元が理解できるっていう項目を、なるべく少なく書き出せ」っていう課題を与えるんです。大体少なく、3つ、4つ、5つぐらいでまとめられた子っていうのは、その単元をほとんど理解しています。

生徒も教師も生き生きする「わくわく授業」に向けた次の一歩

田中　神戸先生は「わくわく授業」に向けて取り組まれたいことなどありますか?

♥神戸　はい。私がわくわくしてもしょうがないので、生徒にわくわくしてほしいなと思います。ただ、私は割と性格的におせっかいなので、なんかいろいろ口出しちゃうんです。「こうしたらどうかな」とか。なので、一度でいいから徹底的に「生徒が何かを言ってくるまで何もしない」っていうのをやってみたいなと思っています。先日、中学の道徳の授業のときに生徒に全部企画をさせたんです。やってみたら、いつもどれだけ自分がおせっかいしているかということに気づきました（笑）。その授業は生徒がすごく楽しそうだったんです。私が言いたくなるようなことは、終わってみたら、生徒がみんな質問してくれていました。私がもし授業をしていたら言うだろうという意見や注意点も全部生徒のほうから出てきて、だったら言うまで待ってたほうが教育効果が高いと思ったので、とにかく待ちたいと思っています。つらいけど。生徒がわくわくするまで待ちたいなと思いました。

田中　岩佐先生はいかがでしょう?

♠岩佐　リタイア寸前というのもありまして、若い教師に向けて、やっぱり「教師の仕事って面白い」ということを伝えたいという思いがあります。子どもたちを教えて、子どもたちの成長を見るのって、本当に楽しい仕事だし、誇りの持てる仕事です。自分の持ってる仕事の本質は何かってことをもう一回自分で見つめて、誇りを持ってできる仕事だし、やってほしいなと思います。

♦中原　若手の先生方が教師という仕事に誇りと喜びを持ちつづけられる、教師自身もアクティブ・ラーナーでありつづけられるというのは、ものすごく重要なことだと感じます。僕は常に学び手でありたいという思いがあって。あと、教育全体でいうと、「実験」をもっとしてほしい。実験っていうのはつまり、「試行錯誤」。教育の現場って、本来はすごく試行錯誤できる空間だと思うんです。

マナビのわくわく
教員として
よき 学び手 でありたい
教育全体 実験 マインド

「わくわく授業」に向けた「手放し」理論

田中 だんだんと、もやもやの先にわくわくが見えてきたような気がします。ここでもう1点お聞きしたいのですが、これから挑戦してみたいことやってみたいことがある一方で、逆に「私、これ手放しています」というのがあれば教えてください。

岩佐 やっぱり今、学校が引き受けていることが多すぎるんではないかと思うんです。プラスアルファでどんどん上乗せしている。そうしたなかで、**僕はやっぱり教科を持って教師をやっている以上、教育関係の勉強と自分の専門教科の勉強、これは絶対捨てちゃ駄目だと思うんですね。**あと、校務分掌が忙しいだの何だのは手放したらいいんじゃないかと。教師の本来の仕事が校務分掌だみたいな価値観に今なっているのが間違っている。全員が判断して、俺の仕事は教科と教育を学ぶことだって教師が腹くくったら、たぶん学校は変わると思うんです。

中原 **僕は「アクティブ・ラーニングの教育論」と「アクティブ・ラーニングの組織論」という言葉を使っているんですけど、組織論的な観点からすれば、何かが変わらなければならないときに変わるための資源を用意することって、「マネジメント」の問題だと思うんです。**新しい方向に舵を切らなきゃなんないんだったら、「何をやらなくていいか」っていうことを管理職がリーダーシップを発揮しながら話し合わないと無理ですよね。

田中 校務分掌って、若い先生に回ってくるイメージがあるんですが、どうですか?

岩佐 そうです。最初の3年間、雑用ばかりで、授業のことは適当になってしまう。生徒って意外と柔軟なんでそれでも授業が成り立ってしまうんですね。そうして3年間過ごしてしまうと、それで出来上がっちゃうんです。**逆に、トップが「初任には雑用をさせない」という判断をして、「教師の本質とは何か」っていう部分を初任の3年間でじっくりと伝える機会をつくれば、その教師はたいてい成長し続けます。**

中原 なるほど。教師として大事にしなきゃいけない「信念」については「鉄は熱いうちに打て」ということですね。

岩佐 たとえば初任の教師に、入試問題でも何でもいいから、「新しい問題を解いてみろ」って言って渡すと「勉強しなきゃ」って思

うので育つんです。最初の3年でそのように思わせられるきっかけをつくれたら、もう育ちますよ。

◆中原　**最初の3年で、火を付けなきゃ。**

♠岩佐　そうです。初任で校務分掌から仕込まれるシステムが間違いだと思うんです。僕は自分の学年に配属になった若手には一切雑用をさせないで、「3年間、とにかく自分の教科の勉強をしろ」って言ったうえで、雑用は全部自分が引き受けました。

♣♥神戸・安宅　すごい！　それはありがたいですよね！

♣安宅　僕も、やっぱり絶対に捨てたくないのは、教材研究の時間と生徒と向き合う時間です。**そのために手放してもいいなと思うのは、過去の成功体験と、あとは「自分で絶対全部やらなきゃいけない」という意識ですかね。**

田中　過去の成功体験を手放す？

♣安宅　はい。実は僕、2014年度までに作ってきた毎回の授業の板書案とか、授業案とか、教材のストックは、全部捨てました。それがあると、それと同じことをしようと思ってしまうので、全部資源ごみで文字通り捨てました。

♥神戸　すごい、本当に捨てたんですね（笑）。私も、「自分で絶対全部やらなきゃいけない」という意識は手放したほうがいいと思っています。全然参考にならないかもしれませんが、変なふうになっているときは、すごく疲れるんです。そういうときは、やっぱりどこかがおかしいので、早めに気が付いてやめるのがよいと思います。でも、やっぱり生徒はかわいいじゃないですか。何かしてあげたいし、自分が教師としてお手本っていうか模範でいなきゃっていう気持ちもあって。そんなのが重なって、おせっかいを焼いちゃうんですけど。要するに、「自分がしがみついているものに、どうしたら気がつくことができるか」っていうことです。「疲れる」っていう体の素直な反応が、この気づきのきっかけになるんじゃないかなと思っています。だから、疲れたら、「いま自分は何か余計なことをやっているんだな」って思うようにしています。

♣安宅　なるほど。

♥神戸　それに、「生徒が学びたくないことまで教え込むことは私の責任じゃない」と思おう、ともしています。手放すっていうよりも、本質的な方法に帰っていきたいという思いが強いです。でもなかなか手放

せないです、いろんなことが。

「将来に役立つ」は学びの動機にならない

♠岩佐　おっしゃるように、子どもたちが何をきっかけに学習動機を持つか、重要なのはそこなんです。本物の学習動機を持たないところで子どもに学ばそうとしてもダメですよね。

♦中原　「将来役に立つから」ってので引っ張っていくには限界がありますよね。

♠岩佐　僕、あれ大嫌いで、数学なんか役に立たないから面白いんです。役に立つと言い過ぎるんです。本人が勉強したことを役立てる場所を見つけたらいい。**「こういうところで役に立つから、これを勉強しなさい」っていうのは、絶対に学習動機にはならないと思います。**

♣安宅　教育現場で、「社会で役に立つ力を身につけさせよう」っていう発想自体を見直したほうがいいのかもしれません。

♠岩佐　同感です。子どもたちを学びに向かわせる純粋な気持ちっていうのは、「もっと知りたい」とか「こんなことあるの」とか「なんで?」っていう、やっぱり「知識欲」なんでしょうね。

♦中原　その「もっと知りたい」とか、「もっと学びたい」っていうのが、たぶん、その次の社会に必要になるような資質だったりするんですよ、きっと。

♣安宅　社会で言われている「役に立つ」だとか、教師が前提にしている価値観だとか、そういうのを手放して、「学びって楽しい」っていう本質的なところに向かっていくには、生徒の言葉に耳を傾けることしかないんじゃないかと。**僕はやっぱり教師を変えるのは生徒だけだと思っています。**

田中　お話は尽きませんが、お時間がきてしまいました。アクティブ・ラーニングというものをひとつの梃子にして学びを問い直すということは、今日お話しいただいたような「もやもや」と「わくわく」の間で考え続けるということなのかもしれないと感じました。この座談会が、現在あるいはこれからアクティブ・ラーニングを通じて自らの実践をよりよくしていこうとされている先生方の「もやもや」と「わくわく」とつながることで、新しい学びのネットワークが開かれていけば幸いです。本日は、長時間本当にありがとうございました。

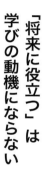

私にとって

アクティブ・ラーニングとは？

出席者のみなさんとともに、当日参加した本書の執筆者も「アクティブ・ラーニングとは何か」というお題で、それぞれの思いを書きました。

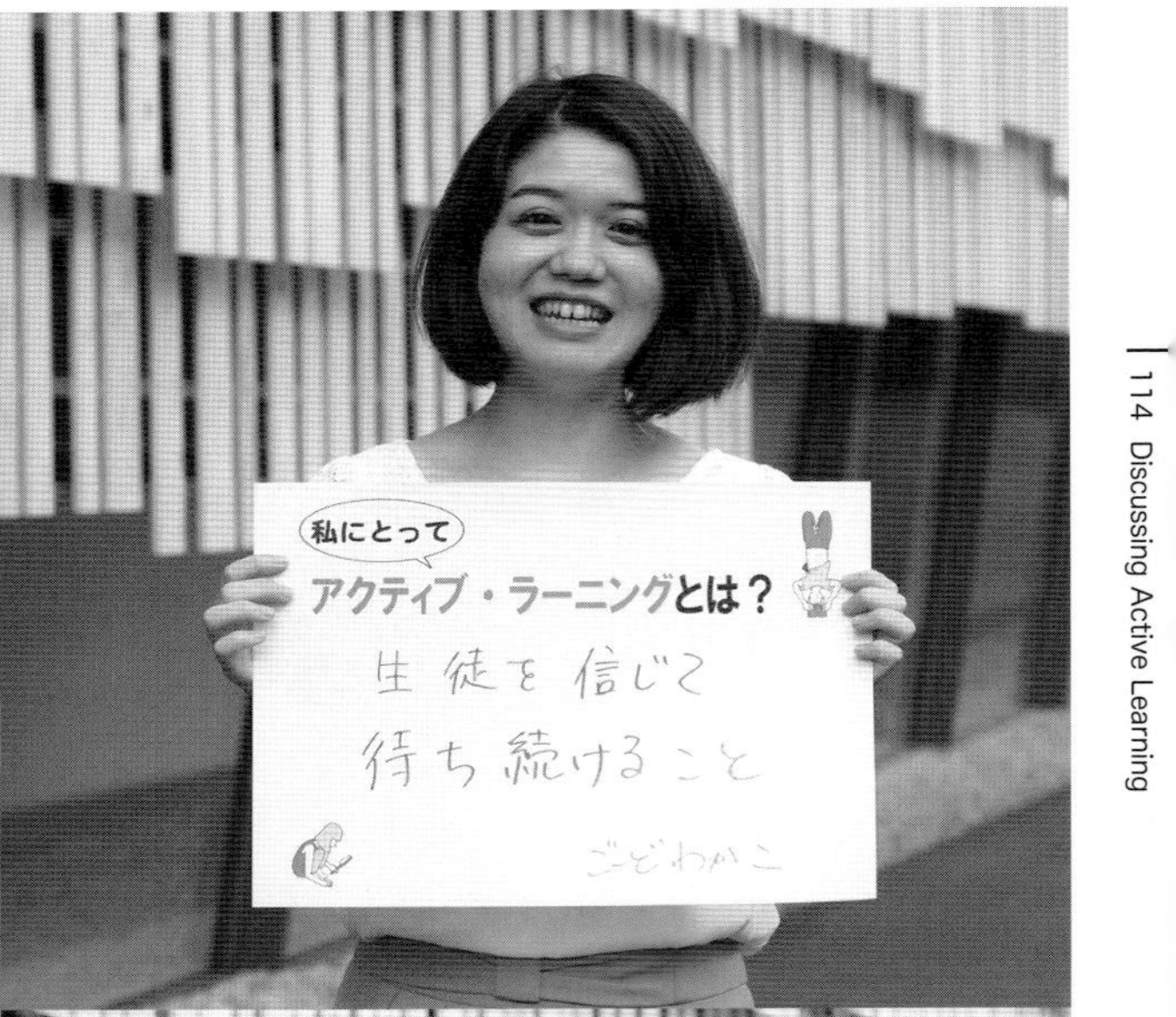

私にとって
アクティブ・ラーニングとは？
生徒に自分の人生の舵取りを任せる事

私にとって
アクティブ・ラーニングとは？
学びの原点
木村充

私にとって
アクティブ・ラーニングとは？
大さわぎすべきでないもの
堤ひろゆき

私にとって
アクティブ・ラーニングとは？
想定を超えた学びが生まれること
田中智輝

ひとはもともとアクティブ・ラーナー！
―未来を育てる高校の授業づくり―

2017年3月10日　初版第1刷印刷
2017年3月20日　初版第1刷発行
定価はカバーに表示してあります。

編著者　山辺恵理子
木村　充
中原　淳

発行所　（株）北大路書房
〒603-8303　京都市北区紫野十二坊町12-8
電　話　(075)431-0361(代)
ＦＡＸ　(075)431-9393
振　替　01050-4-2083

印刷・製本　亜細亜印刷（株）
検印省略　落丁・乱丁本はお取替えいたします。
ISBN978-4-7628-2958-1　Printed in Japan

マナビラボの本づくり
メンバー紹介

編著者

高校時代

山辺 恵理子

（やまべ・えりこ）

東京大学　大学総合教育研究センター
特任研究員

1984年東京都生まれ。東京都千代田区の高校に通い、「渡り廊下での匍匐前進」と「学校よりも、近所の名画座通いでの皆勤賞狙い」にアクティブに取り組んだ後、東京大学教育学部を卒業。東京大学大学教育学研究科博士課程在学中に、スタンフォード大学客員研究員（フルブライト奨学生）などを経て、2014年より現職。東京大学博士（教育学）。一般社団法人学び続ける教育者のための協会（REFLECT）理事。専門は教育の倫理、教師教育学。主に教師や教師教育者のリフレクションに注目して研究している。

高校時代

中原 淳

（なかはら・じゅん）

東京大学
大学総合教育研究センター　准教授
東京大学大学院　学際情報学府（兼任）

1975年北海道生まれ。北海道旭川市の高校に通い、「麻雀の教育効果に関する独自研究」にアクティブに取り組んだ後、東京大学教育学部を卒業。大阪大学博士（人間科学）。メディア教育開発センター（現・放送大学）、米国・マサチューセッツ工科大学客員研究員などを経て、2006年より現職。専門は人的資源開発論特定非営利活動法人カタリバ理事など。著書に「職場学習論」、「経営学習論」（ともに東京大学出版会）など多数。研究の詳細は、Blog: NAKAHARA-LAB.NET（http://www.nakahara-lab.net/）。

高校時代

木村 充

（きむら・みつる）

東京大学　大学総合教育研究センター
特任研究員

1983年広島県生まれ。広島県広島市の高校に通い、「カープの応援が自身の学校成績や進路選択に与える影響に関する実証的研究」にアクティブに取り組んだ後、東京大学文学部を卒業。東京大学学際情報学府博士課程単位取得退学。2015年より現職。東京大学修士（学際情報学）。一般社団法人広島国際青少年協会、日本シティズンシップ教育フォーラム委員など。専門は教育工学、高等教育。経験学習をテーマに、社会参加活動を通した学生の学びと成長について教育・研究している。

執筆者

堤 ひろゆき

（つつみ・ひろゆき）

上武大学　ビジネス情報学部　助教

1986 年広島県生まれ。愛媛県松山市の高校に通い、「オチのない話を考えること」にアクティブに取り組んだ後、東京大学文学部歴史文化学科を卒業。東京大学修士（教育学）。東京大学大学総合教育研究センター特任研究員などを経て、2016 年 4 月より現職。専門は教育史。

田中 智輝

（たなか・ともき）

東京大学　大学総合教育研究センター特任研究員

1986 年広島県生まれ。宮城県仙台市の高校に通い、「サッカー部の新設」にアクティブに取り組んだ後、広島大学教育学部を卒業後、東京大学修士課程（教育学）に進学。東京大学大学院教育学研究科博士課程単位取得退学。2016 年より現職。教育における主体性の捉え直しを主たる研究関心とする。専門は教育哲学、シティズンシップ教育。

編集協力　**日本教育研究イノベーションセンター（JCERI）**

連携執筆者　**赤塚 和繁**　学校法人河合塾　教育イノベーション本部　教育研究部
石鍋 京子　学校法人河合塾　教育イノベーション本部　教育研究部
友野 伸一郎　教育ジャーナリスト

デザイン　**三宅 由莉**　**デザイナー／ trois maison 代表**
本書のブックデザインを担当。書籍他、UX デザイン関連のワークショップ及びツールデザイン多数。
http://www.troismaison.org

イラスト　**加納 徳博**　**イラストレーター**
本書のイラストデザインを担当。その他、雑誌や書籍の表紙・挿絵の制作など多数。
http://tokuhirokanoh.com

写真　**松尾 駿**　**カメラマン／ CrafTrim 代表**
第 3 章の写真を担当。その他、映像撮影・編集やアニメーション制作などメディア全般の制作を手がける。https://www.craftrim.com

写真　**沼尻 淳子**　**カメラマン**
第 1 章の写真を担当。撮影スタジオで経験を積んだ後、アシスタントを経てフリーとして独立。
学校や会社のパンフレット、料理本を中心に活躍中。

写真　**西山 俊哉**　**カメラマン／株式会社トツマルボックス代表取締役社長**
第 1 章の写真を担当。進学情報誌の編集長などを経てフリーのカメラマン・ライターとして独立。
雑誌および学校や企業の広報物を中心に活動中。

取材協力　**産業能率大学入試企画部**

Active Learning in Data

データでみるアクティブ・ラーニング

全国高校実態調査 2015

1. なぜいま全国の高校に 実態調査を実施したのか？

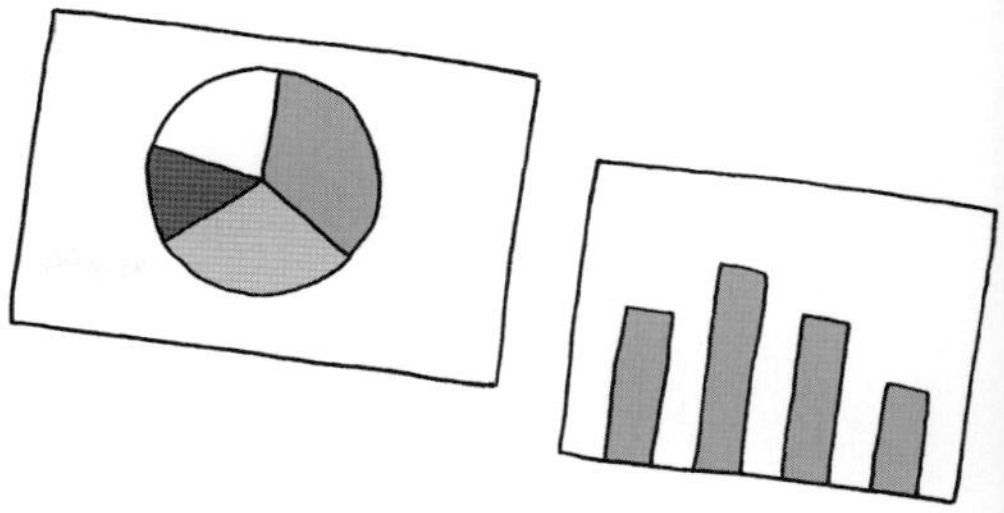

次期学習指導要領に向けてのキーワードとして、高校の現場でアクティブ・ラーニングへの関心が高まっています。中央審議会の諮問や答申で「アクティブ・ラーニング」に言及されてからというもの、各地でアクティブ・ラーニングに関するセミナーやシンポジウムが開催され、書店にはアクティブ・ラーニングをタイトルに冠する書籍が所狭しと並べられています。このように一躍脚光を浴びたアクティブ・ラーニングは、人口に膾炙《かいしゃ》され、それにまつわる様々な言説が各所でとびかっています。しかし、これらの議論は、共通した土台がないため宙に浮き、うまくかみあっていないような印象を受けることがしばしばあります。**いま必要なのは、行政や学校、研究者が、立場の違いを乗り越えて、「いかに教育をよくできるか」という視点からエビデンスに基づいた議論を行っていくこと**です。しかし、ここに圧倒的に足りていないと感じるのは、高校の学びの現状に関するエビデンス――いま高校における学びがどうなっているのかの「可視化」です。

「アクティブ・ラーニングとは何か」「どうすればアクティブ・ラーニングを実現できるのか」を考えるためには、まずは高校における学びの現状を把握し、その問題点を明らかにし、解決方法を探っていくことが必要なのではないでしょうか。

そこで、東京大学大学総合教育研究センター中原淳研究室と日本教育研究イノベーションセンターは、2015 年に**「高等学校における参加型学習に関する実態調査」（以下、本調査）を実施**しました。本調査は、高校教育の実態を明らかにしつつ、高大接続の観点から大学教育について見つめ直すためにも企図されたもので、全国の高等学校 3,893 校を調査対象とし、62％にあたる **2,414 校から回答**が得られました。

この調査は 3 年間にわたって実施される予定です。本章は、その 1 年目の調査の結果報告に当たるもので、2015 年度時点での**高校のアクティブ・ラーニングの実態を理解するための基礎資料として、みなさまにご利用いただければ**と考えています。※1

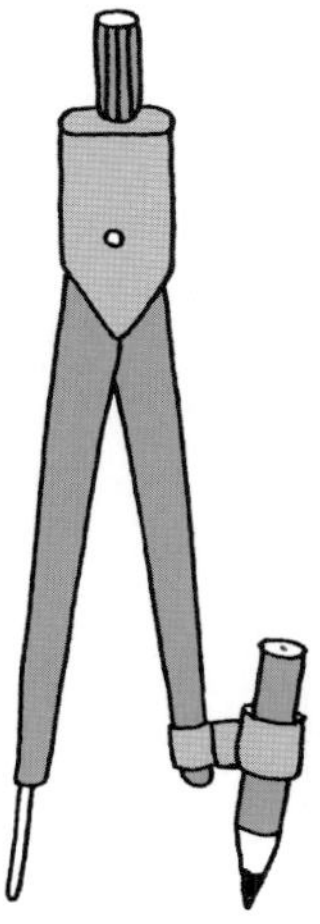

※1　本書で触れるのは本調査で明らかになった知見の一部であり、詳細についてはマナビラボのホームページ（http://manabilab.jp）で既に発行の報告書をご確認ください。また、本書では、専門的な統計分析手法の説明については割愛してあることを補足しておきます。

本調査におけるアクティブ・ラーニングとは

高校において広まりつつある「アクティブ・ラーニング」という語は、人によって様々なイメージで捉えられていたり、特定の「授業の型」のようなイメージを持たれていたりする傾向があります。そこで、そのイメージによって回答が偏ることを避けるため、調査票中では「参加型学習」という語を代わりに用いました。その上で、「参加型学習」の定義として操作的に以下のような定義を示しました。そして、このような授業を全授業のうち１回でも実施した授業を「参加型授業」と定義し、そのような授業をこの調査の対象とすることにしました。

本調査では、教員による一方向的な講義形式や思考を伴わない体験のみの教育とは異なり、**学習者の能動的な学習への参加と思考を促す教授・学習法**を総称して**「参加型学習」**とよぶこととします。

具体的には、以下の表に挙げたような手法を取り入れた学習を「参加型学習」と定義します。そして、これらの手法を取り入れた「参加型学習」を、全授業のうち１回でも実施した授業を調査の対象とします。

意見発表・交換型 議論や発表を通して、意見を交換・整理する形態	例 ディベート、話し合い（ディスカッション）、プレゼンテーション、ブレインストーミングなど
理解深化型 自分の思考を客観的に振り返り、理解を深める形態	例 協調学習、学び合い、振り返り（リフレクション）、自己による学習評価、作文など
課題解決型 課題に対して解決策を提案、または実行する形態	例 課題解決型学習、ケーススタディ、探究・調べ学習、プロジェクト型学習など

※講義を一方的に聞くだけの授業は、「参加型学習」には含みません。
※教科書の音読や輪読、挙手、一問一答式の発問に対する回答、プリントや問題集の解答、実験・実習・実技、見学、教材の視聴など、生徒が何らかの活動を行うものでも、生徒の思考が活性化しない場合には、本調査での「参加型学習」には含みません。
ただし、「意見発表・交換型」「理解深化型」「課題解決型」等の思考の活性化を伴うプロセスを含むものであれば、本調査での「参加型学習」に含めるものとします。

全国高校実態調査 2015 の概要

ここでは、2015 年度に実施した全国高校実態調査の**概要について**紹介します。

（1）名称

高等学校におけるアクティブラーニングの視点に立った参加型授業に関する実態調査 2015

（2）調査目的

高校におけるアクティブ・ラーニングの視点に立った参加型授業の実態の把握

（3）実施主体

東京大学大学総合教育研究センター 中原淳研究室

日本教育研究イノベーションセンター

（4）調査方法

本調査の対象は、調査票配布時（2015 年 7 月）に、普通科またはそれに準ずる学科、および総合学科を設置する全国の高校（計 3,893 校）でした。本調査では、**調査対象の高校**に対して調査票を郵送し、対象となるすべての高校を調査する全数調査を実施しました。全数調査は、膨大な費用や手間が生じる一方で、より誤差の少ない結果が得られるというメリットがあります。※2

本調査では、学校代表者による学校全体としてのアクティブ・ラーニングの視点に立った参加型授業への取り組みの実態、教科ごとの参加型授業への取り組みの**実態、参加**型授業に取り組んでいる教員のより具体的な取り組みの実態という 3 つの視点から実態を把握するため、校長調査、教科主任調査、教員調査の 3 つの調査を、2015 年 7 月から 9 月にかけて実施しました。

■ 3 つの調査

①校長調査 ……

全国の高校の校長（あるいは教頭や教務主任等の学校代表者）

②教科主任調査 ……

全国の高校の各教科（国語、地歴・公民、数学、理科、外国語）の教科主任

③教員調査 ……

全国の高校のアクティブ・ラーニングの視点に立った参加型授業を実施している教員

※2　この点を考慮し、全国の高校の先生方にご迷惑をおかけすることを承知したうえで、多大なお時間を割いていただく全数調査を実施しました。ご協力いただいた先生方には、この場をお借りして心より感謝申し上げます。頂戴したデータは、今後、我が国のアクティブ・ラーニングの実践実態を表す貴重な資料として、本書の他にも、Web、書籍、専門書、雑誌記事など、様々な媒体で公表させていただきます。

（5）調査票

■作成の手続き

本調査に先立って、自由記述による予備調査を行い、自由記述の回答を分類した結果に基づいて調査項目の作成を行いました。予備調査は、第一に、調査 会社に登録している高等学校の教師 534 名を対象に 2015 年 6 月にウェブ調査を実施し、第二に、4 つの首都圏の高等学校にご協力いただき、印刷した調査票に実際に回答 していただきました。

予備調査では、アクティブ・ラーニングとしてどのような授業に取り組んでいるか、アクティブ・ラーニングを実施するうえで感じた困難や課題は何か、それをどう克服しようとしてきたかなどについて尋ねました。

■調査票の主な内容

調査票の基本的構成と内容は以下のとおりでした。

①校長調査

学校の概要、学校の種類や制度、研究・重点校指定の有無、学校規模、生徒の進路先、学校教育目標、教育課程の編成体制、教科連携の有無、カリキュラム・マネジメント、校内研修の回数と内容、学習環境の整備状況、「アクティブ・ラーニング」のイメージ、参加型学習の実施状況、参加型学習のねらい、学習環境や授業方法の工夫、参加型学習の効果、参加型学習の評価方法、参加型学習実施上の困難や課題・不安、参加型学習実施上の困難や課題・不安の克服方法、特徴的な取り組み、教科（6 教科以外）での実施率、など

②教科主任調査

カリキュラム・マネジメント、「アクティブ・ラーニング」のイメージ、参加型学習の実施状況、科目別参加型学習の実施率、参加型学習の内容、参加型学習のねらい、参加型学習の学習活動、学習環境や授業方法の工夫、参加型学習の効果、参加型学習の評価方法、参加型学習実施上の困難や課題・不安、参加型学習実施上の困難や課題・不安の克服方法 、など

③教員調査

性別、年齢、教職経験年数、現任校勤務年数、校務分掌、担当教科、学校教員以外の職業経験、カリキュラム・マネジメント、「アクティブ・ラーニング」のイメージ、参加型学習の内容、参加型学習を始めたきっかけや設計方法、参加型学習のねらい、参加型学習の学習活動、学習環境や授業方法の工夫、参加型学習の効果、参加型学習の評価方法、参加型学習実施上の困難や課題・不安、参加型学習実施上の困難や課題・不安の克服方法、など

（6）回収数

調査の結果、調査対象である 3,893 校の 62.0％にあたる 2,414 校から回答がありました。

回答学校数	2,414 校	（対象校数 3,893 校、回収率 62.0%）

・校長調査	2,371 票	（配布数　3,893 票、回収率 60.9%）
・教科主任調査	11,486 票	（配布数 19,465 票、回収率 59.0%）
・教員調査	5,177 票	（配布数 19,465 票、回収率 26.6%）

2. いま高校の授業は どうなっているのか？

いま、高校のアクティブ・ラーニングの実態はどうなっているのでしょうか。どの程度、参加型授業が行われ、そこにある課題はどのようなものなのでしょうか。

本調査のデータから、1．高校の参加型授業への取り組み状況、2．参加型授業の目標・活動・評価、3．参加型授業の効果、4．参加型授業の悩み、それぞれについて概要をお伝えしたいと思います。

1. 参加型授業への取り組み状況

（1）参加型授業への取り組み状況

全国の高校のうち、どれくらいの高校が参加型授業に取り組んでいるのでしょうか。調査の結果、学校として参加型授業に「すでに取り組んでいる」と回答した高校は全体の56.6％でした。2015年の時点で、**半数以上の高校がアクティブ・ラーニングの視点に立った参加型授業に取り組んでいる**ということです。とはいえ、本調査の定義では、全授業のうち1回でも実施していれば「取り組んでいる」という回答になります。したがって、参加型授業を全授業のうち1回も実施していない学校が43.4％あることを示しているともいえ、この結果を単純に肯定的に捉えることはできません。全国の高校で関心が高まりつつあるアクティブ・ラーニングですが、**学校としては取り組みはじめた段階という学校が多い**ようで、各教科の授業で日常的にアクティブ・ラーニングが見られるようになるには、まだまだ時間がかかりそうです。

また、「学校全体として参加型学習に関する目標を掲げている」「参加型学習に関する具体的な計画を策定している」と回答した高校は、それぞれ22.8％、13.4％にとどまっていました。アクティブ・ラーニングの実現に向けて、学校全体として取り組むことが重要だと考えられますが、学校全体として推進する体制は整っておらず、**それぞれの教科・教員が個別に取り組んでいる現状**がうかがえます。

一方で、「ここ数年間で取り組むことを検討している」「ここ数年間で取り組む具体的な計画が進行中である」「すでに取り組んでおり、今後はより充実させていく予定である」を合計した「現状よりも取り組みを拡大する予定である」という回答は、全体の73.1％でした。アクティブ・ラーニングにまだ取り組んでいない学校も、すでに取り組んでいる学校も、多くの学校はより充実させていく方向であり、**今後、アクティブ・ラーニングへの取り組みが高等学校で広がっていく傾向**にあるといえます。反面、3割弱の学校が「ここ数年間は取り組む予定がない」と答えていることにも留意する必要があるでしょう。

（2）教科別の参加型授業への取り組み状況

教科ごとにみるとどうでしょうか。教科での参加型授業への取り組みについて「すでに取り組んでいる」という回答は、**国語が53.6％で最も高く**、外国語51.6％、地歴・公民44.4％、理科43.7％と続き、**数学が26.0％で最も低い**という結果が得られました。教科によって取り組み状況に差が見られる結果となりました。とはいえ、この結果をもって、どの教科において授業の改善が進んでいる、あるいは改善が進んでいないなどと断じることはできません。各教科の特性等により、本調査の参加型学習の定義に該当する授業を行いやすい教科もあれば、そうでない教科もあり、あてはまりやすさには違いがあると考えられるからです。現状としていえるのは、教科の特性もあり、**取り組み状況は教科によって異なる**ということです。

2. 参加型授業の目標・活動・評価

アクティブ・ラーニングは、新しい時代に必要となる資質・能力を育むための教授・学習法として注目されています。アクティブ・ラーニングについて考える際には、**「目標－活動－評価」**という軸、すなわち**「どのような資質・能力を育むか（目標）」「どのように学ぶか（活動）」「学びをどう評価するか（評価）」という観点から授業を設計する**ことが重要となるでしょう。そこで、本調査の結果から、参加型授業のねらい、学習活動、評価がいまの高校でどのように行われているのかを確認したいと思います。

（1）目標

いま全国の高校で取り組まれている参加型授業は、どのようなねらいを持って実施されているのでしょうか。参加型授業のねらい（授業を通して身についてほしい力）に関する項目を分析したところ、**「協働性」「思考・表現力」「主体性」「教科基礎力」「課題解決力」「市民性」の大きく６つのねらいに分けられる**ことがわかりました。文部科学省の提唱している学力の３要素と照らし合わせると、その関係はおおまかに図３のようになります。

それぞれのねらいがどれくらい重視されているのか教科ごとに平均値を図示したものが図４です。全体では「協働性」「主体性」「思考・表現力」というねらいが上位にあがったものの、「市民性」を除くねらいは、教科による若干の違いはあれど、各教科で重視されていることがわかりました。一方で、**「市民性」は、地歴・公民を除く教科ではあまりねらいとなっていない**ことがわかりました。

半数以上の高校がアクティブラーニングに取り組んでいる

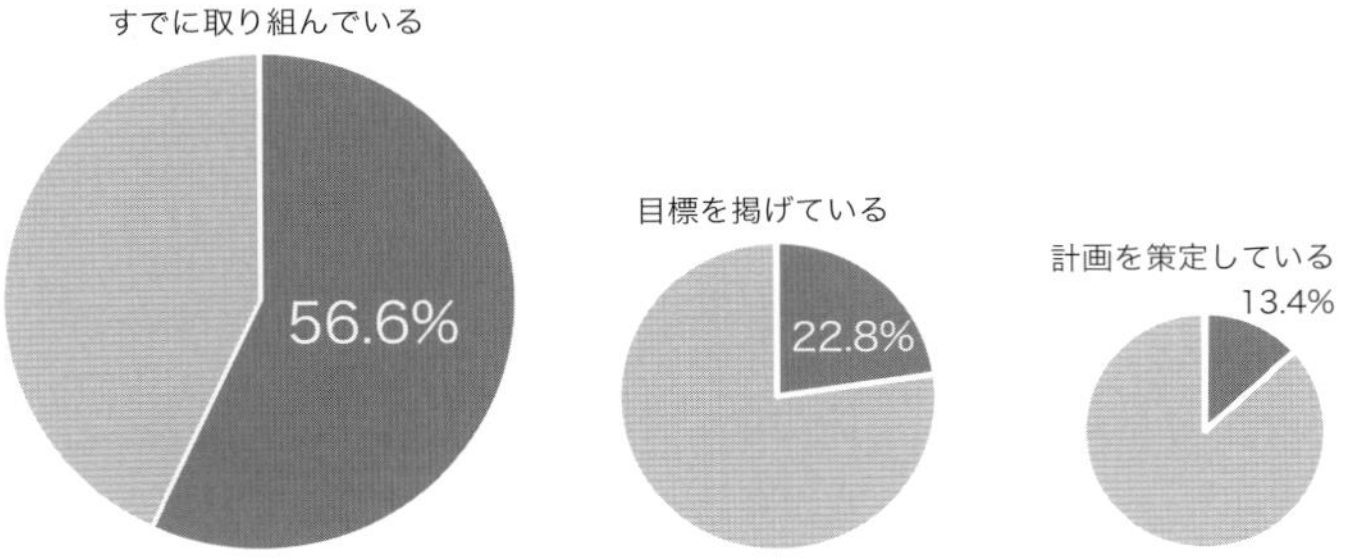

図1　参加型授業の実施率、目標と計画の有無

国語が最も高く、数学が最も低い

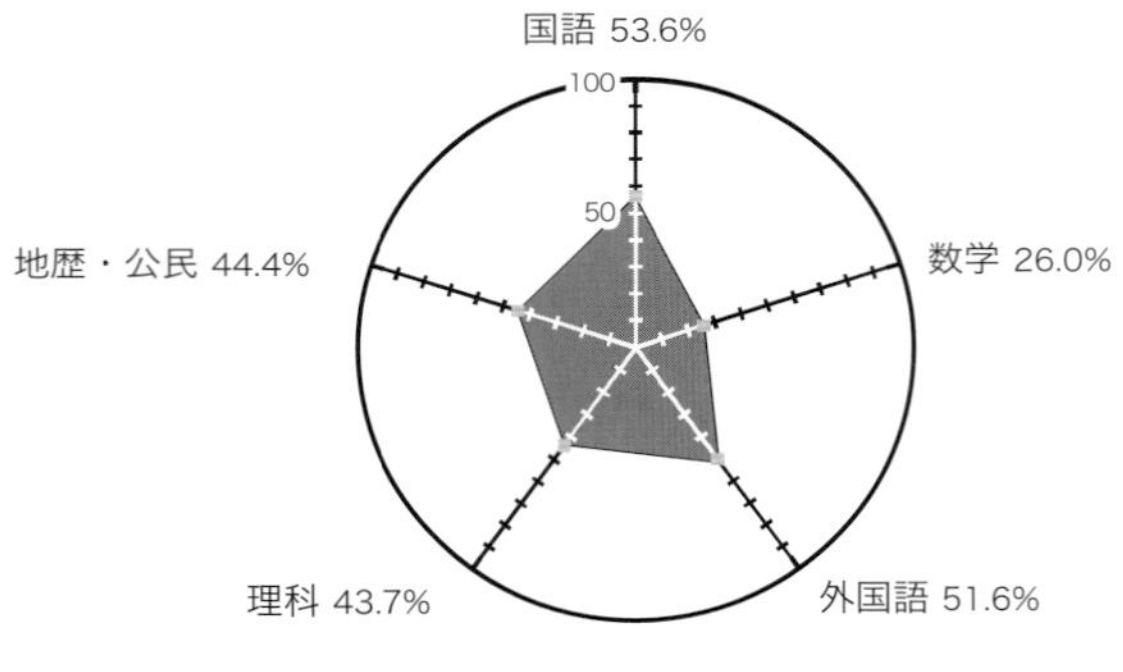

図2　教科別の参加型授業の実施率

参加型授業のねらいは大きく
「協働性」「思考・表現力」「主体性」「教科基礎力」
「課題解決力」「市民性」の6つに分けられる

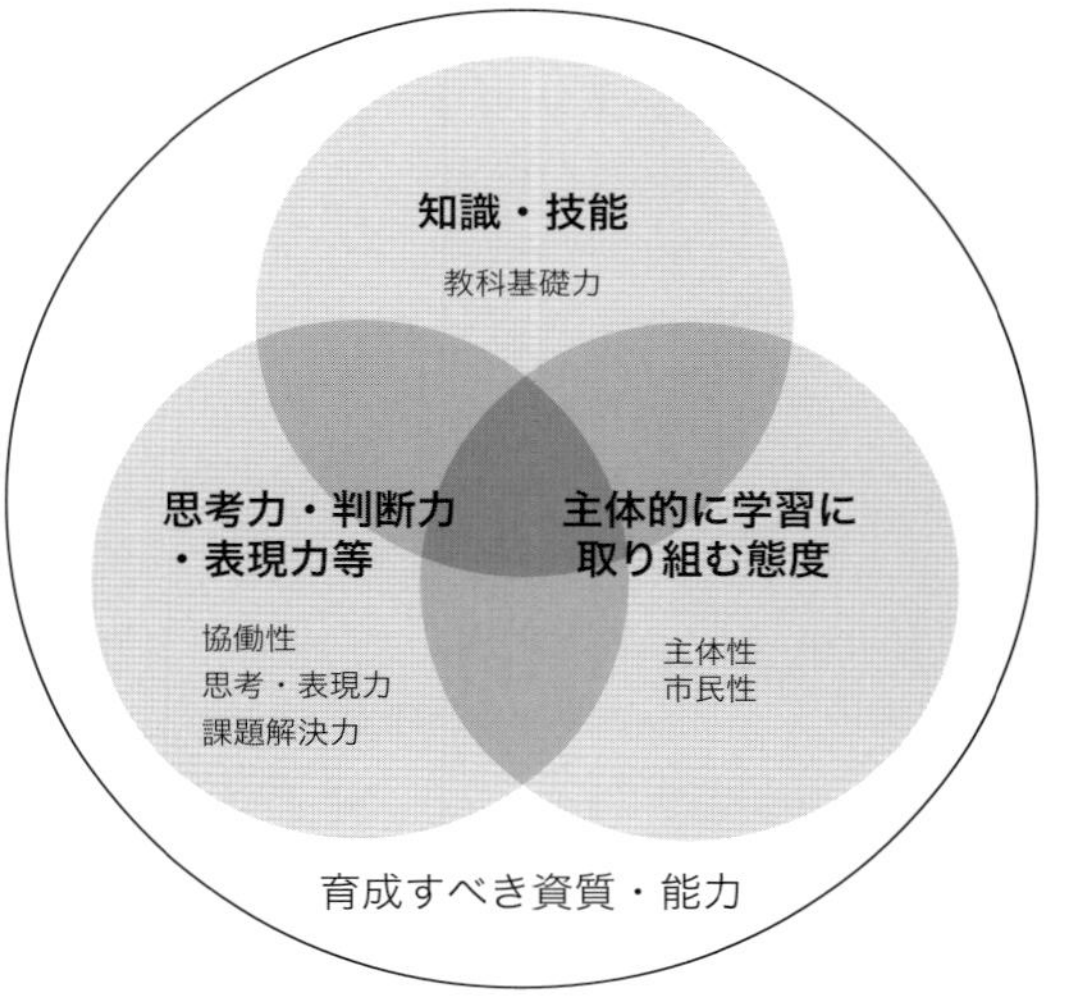

図3　参加型授業のねらい

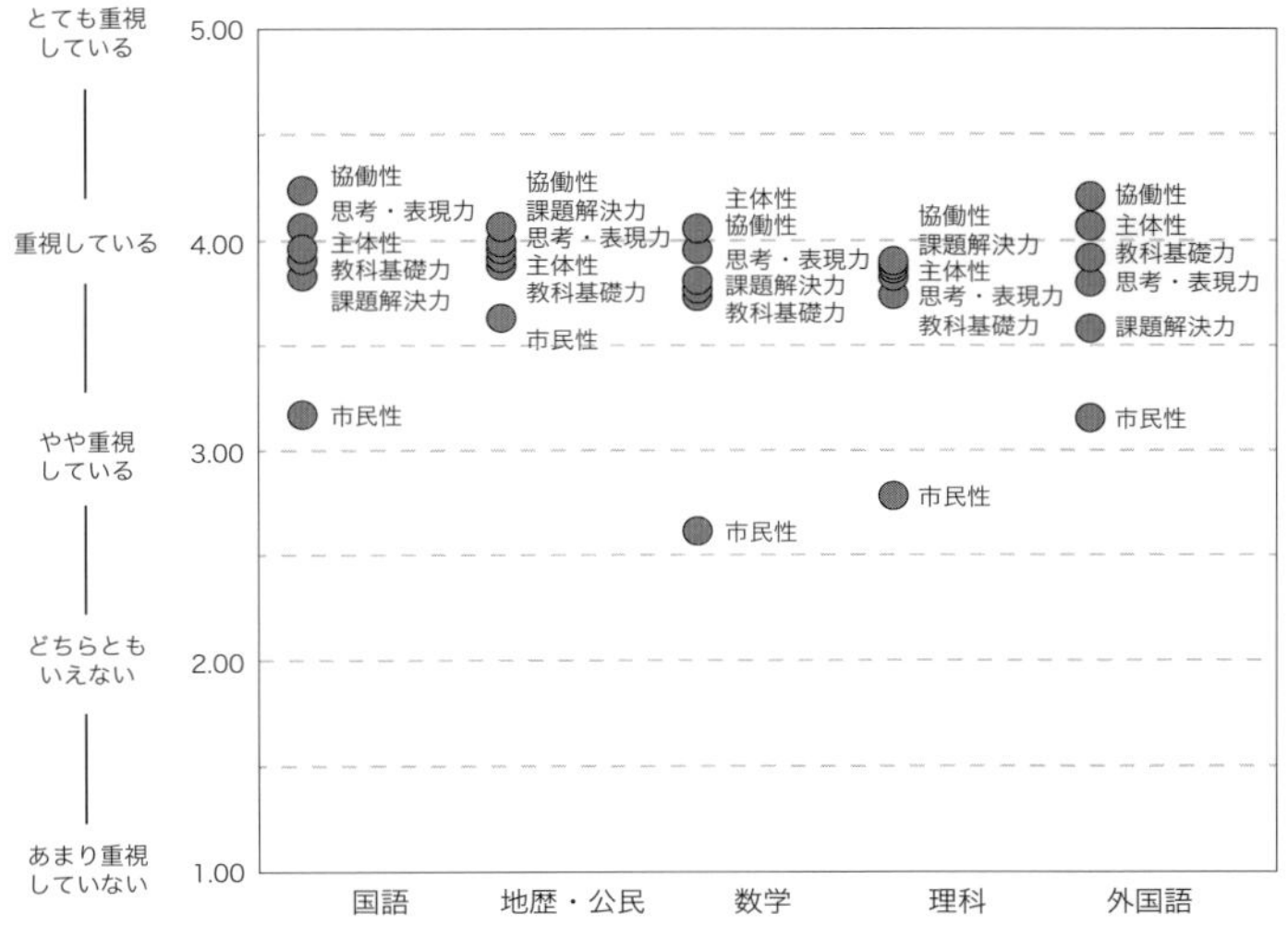

図4　教科別の参加型授業のねらい

（2）活動

　では、上述のようなねらいをもって実施された参加型授業で、どのような学習活動が行われているのでしょうか。参加型授業で取り組まれている学習活動に関する項目を分析したところ、**「理解深化型」「探究活動型」「意見発表・交換型」「社会活動型」「芸術・創作活動型」の大きく５つのタイプの活動が行われている**ことがわかりました。教科ごとに平均値を図示したものが図５です。いまの高校の参加型授業で多く取り組まれている学習活動は、「意見発表・交換型」「理解深化型」「探究活動型」などでした。とはいえ、多くの項目の平均値が２点の「取り組んでいる」周辺にとどまり、かろうじて取り組んでいるといえる学校が多いようです。多くの学校がいずれかの教科で参加型授業に取り組んでいるとはいえ、ピンからキリまであり、**全国平均で見ると、充実した活動が行われているとは言いがたい状況**のようです。

（3）評価

　次に、参加型授業での評価がどのように行われているのか見てみましょう。まず、参加型授業での生徒の活動や成果物を評価しているか、また、それを成績に含めているかどうかを調べてみました（図６）。その結果、数学以外の教科では**「参加型学習での生徒の活動や成果物を評価し、成績に含め**

ている」という回答が約65%～70%を占めていました。アクティブ・ラーニングによる生徒の学習成果を客観的に評価するのが難しいという声が聞かれます。現状では、多くの学校で、何らかの方法で生徒の学習活動や成果を評価し、成績に含めるようにしているようです。むしろ、取り組んでいるからこそ、生徒の学びをどう評価してよいのか、難しさを実感しているのかもしれません。

では、生徒の学習成果を何によって評価しているのでしょうか。その評価対象について尋ねた結果が図7です。全体では**「作文やレポートなどの提出物」という回答が最も多く、「生徒の授業への参加度・積極性」「生徒による発表」などの回答**が多く見られました。教科別に見ると、数学では「生徒の授業への参加度・積極性」「生徒の関心・意欲」が利用されていましたが、数学以外では「作文やレポートなどの提出物」が最も多く利用されていました。外国語では、他の教科に比べて「生徒による発表」を評価対象とする割合が大きく、「協働性」というねらいや「意見発表・交換型」の学習活動を重視している教科の特性が表れた結果と言えそうです。

参加型授業の学習活動は大きく「理解深化型」「探究活動型」「意見発表・交換型」「社会活動型」「芸術・創作活動型」の5つに分けられる

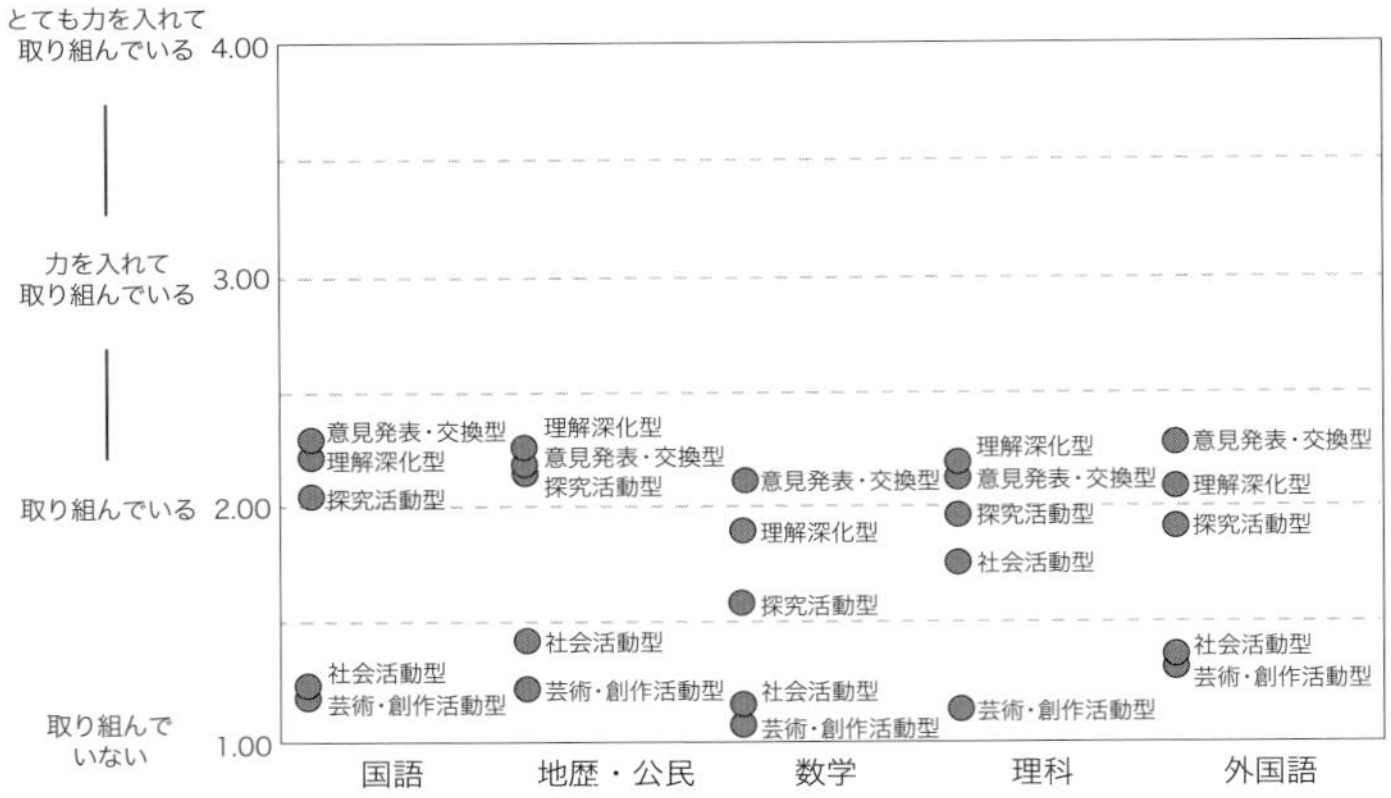

図5　教科別の参加型授業の学習活動

「参加型学習での生徒の活動や成果物を評価し、成績に含めている」という教科が多い

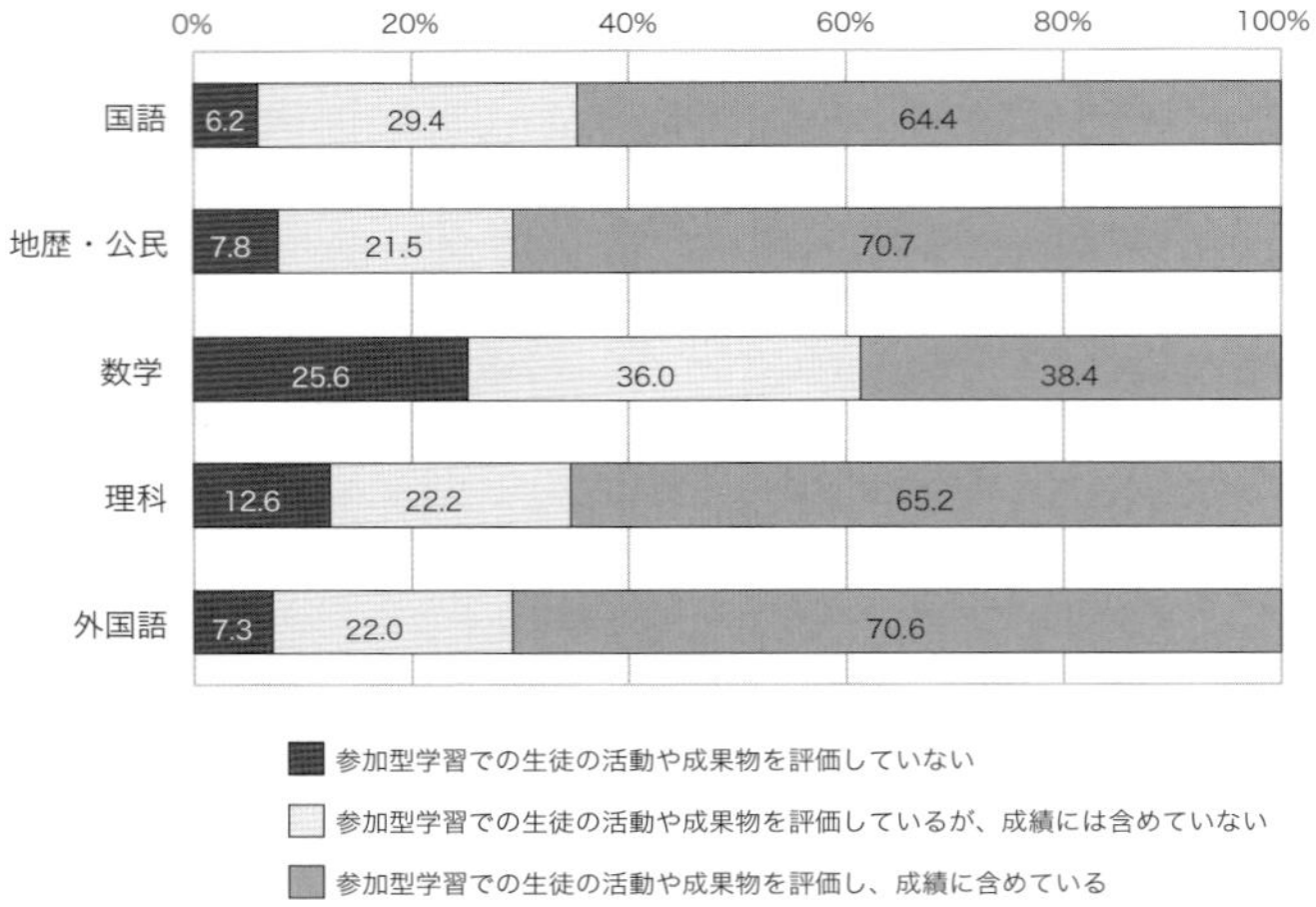

図6　教科別の参加型授業での評価

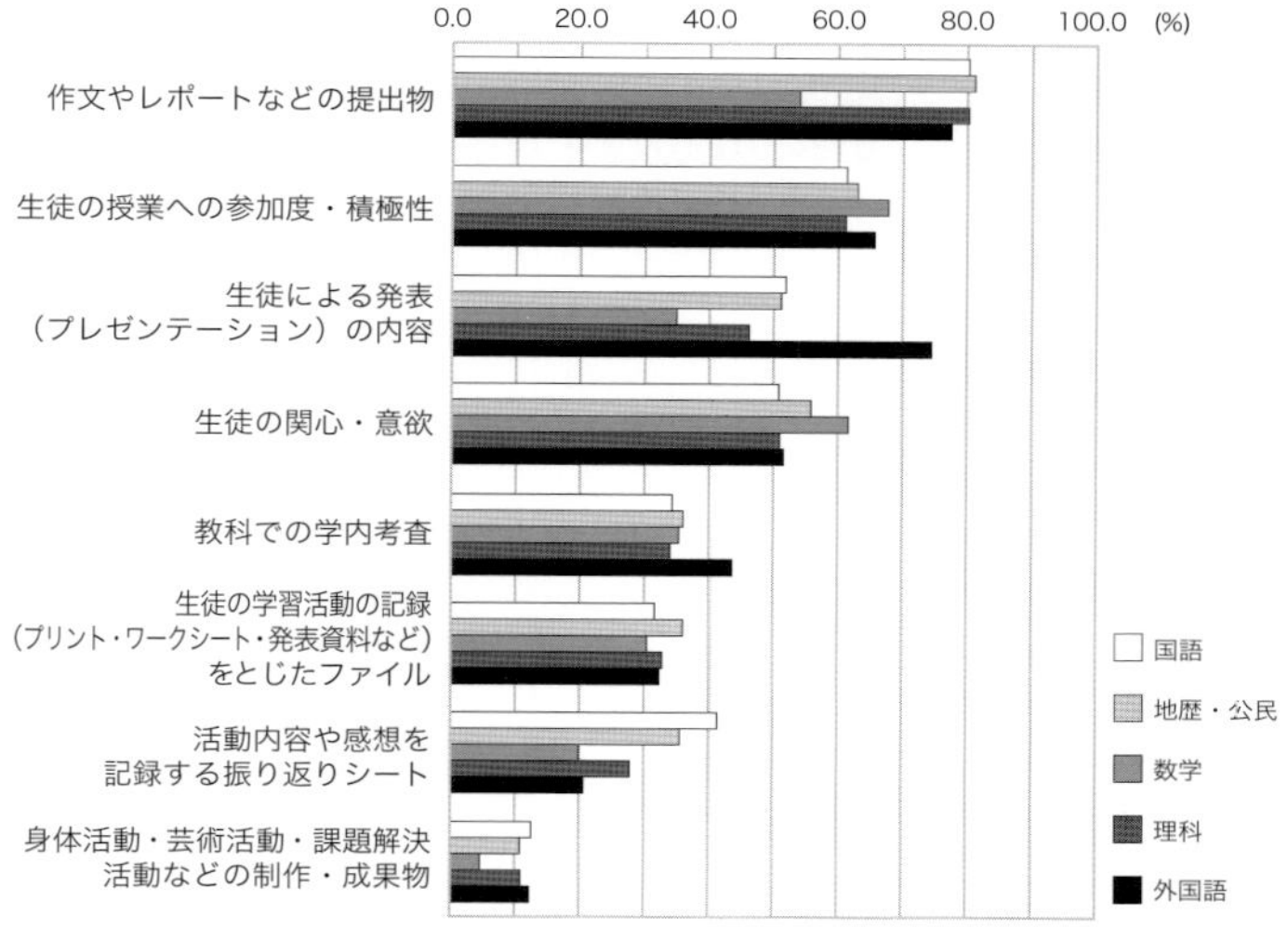

図7　教科別の参加型学習の評価対象

参加型学習によって生徒の「協働性」「思考・表現力」が高まったと感じている

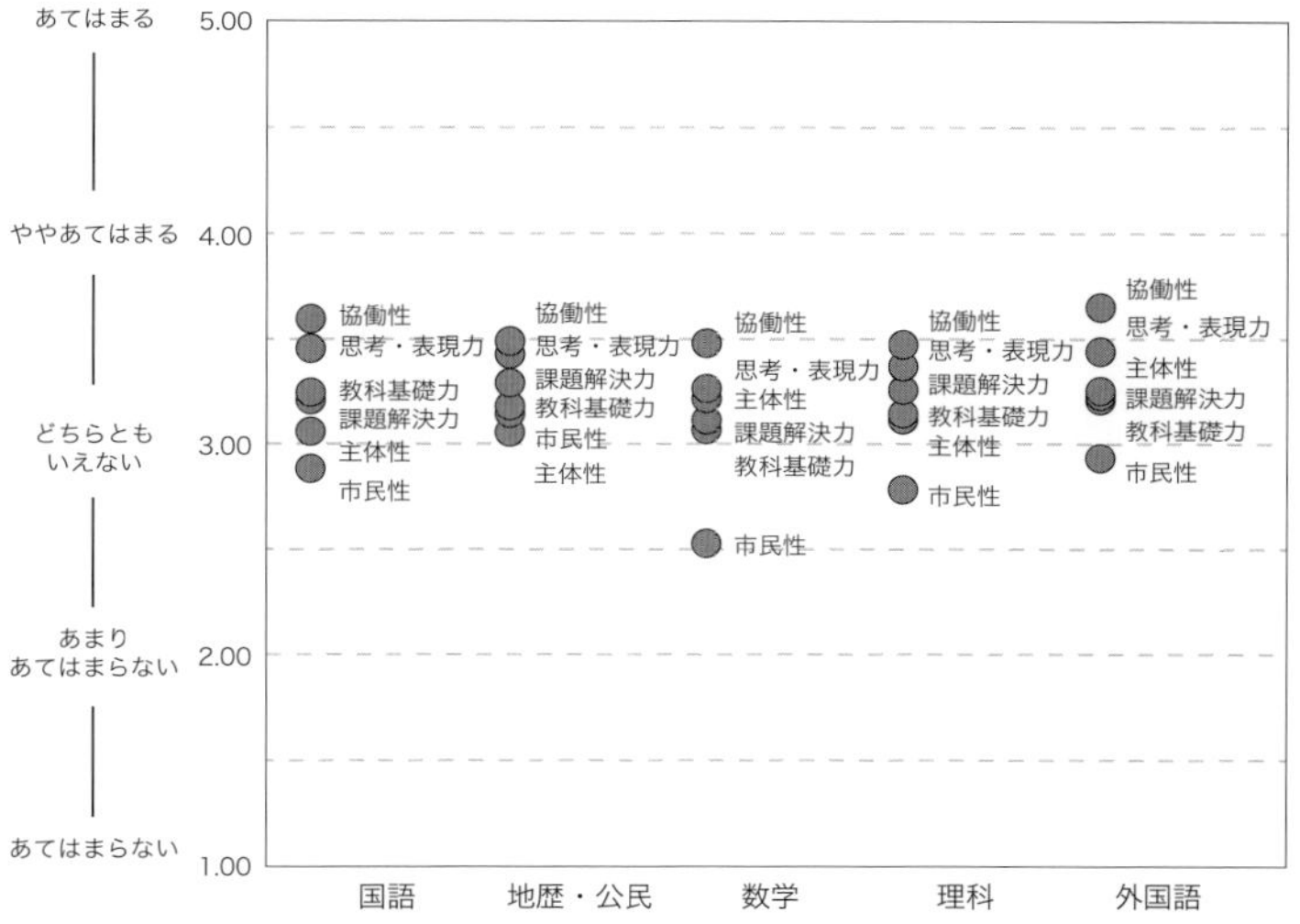

図8　教科別の参加型授業の効果

3. 参加型授業の効果

参加型授業を実施することで、全国の高校の先生はどのような効果を感じているのでしょうか。参加型授業の効果に関する項目を分析したところ、ねらいと同じく**「協働性」「思考・表現力」「主体性」「教科基礎力」「課題解決力」「市民性」の大きく６つにわけられる**ことがわかりました。それぞれの効果について、教科主任の先生がどのくらい実感しているか平均値を教科ごとに図示したものが図８です。全体では、**参加型学習によって生徒の「協働性」「思考・表現力」が高まったと感じている**ようです。しかし、いずれの効果も尺度の中央値である３点を大きく上回るものではなく、「市民性」は多くの教科で３点を下回っていました。参加型授業を実施しているものの、大きな効果を実感するまでには至ってないのが現状のようです。生徒の学びと成長を実感するためには、効果的なアクティブ・ラーニングを生み出すためのアプローチを探っていくことが課題といえるでしょう。

4. 参加型授業の悩み

参加型授業を実施することですべての問題が解決するというものではなく、実施することで様々な困難や課題、不安が生じることもあるでしょう。そこで、高校の先

「授業の進度に関する悩み」
「教員の負担増加に関する悩み」が上位に

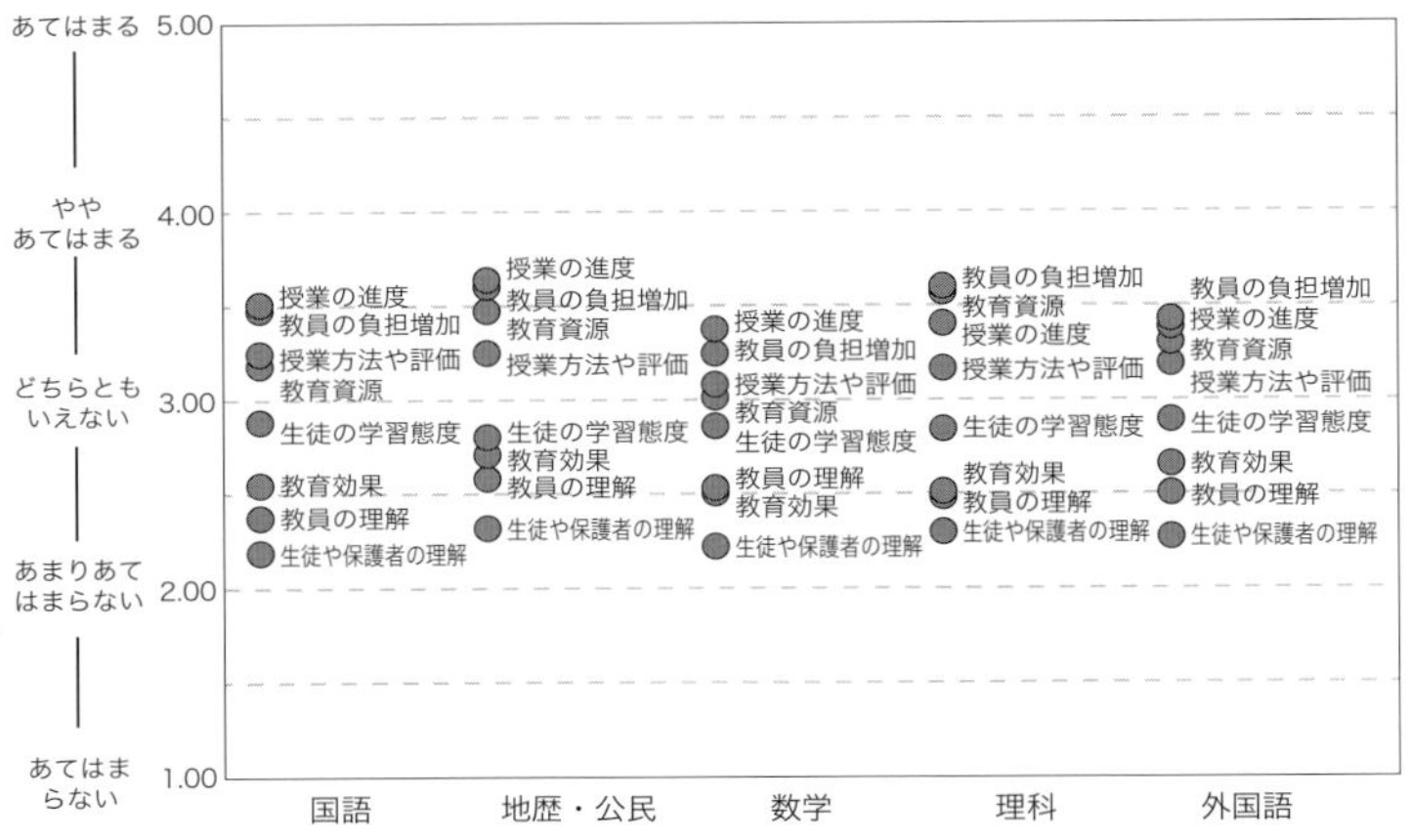

図9　教科別の参加型授業の悩み

生が参加型授業についてどのようなことに悩んでいるのかを調べてみました。参加型授業の悩みに関する項目を分析したところ、

「教育効果に関する悩み」

「授業の進度に関する悩み」

「生徒の学習態度に関する悩み」

「教員の理解に関する悩み」

「教員の負担増加に関する悩み」

「生徒や保護者の理解に関する悩み」

「教育資源に関する悩み」

「授業方法や評価に関する悩み」

の大きく8つに分けられることがわかりました。


それぞれの悩みの程度について平均値を教科ごとに図示したものが図9です。**授業の進度が遅くなる、進度にばらつきが生じるといった「授業の進度に関する悩み」、教員の授業前後、授業中の負担が増加するといった「教員の負担増加に関する悩み」が上位**にあがりました。いずれも参加型授業の実施によって生じる悩みです。これらの悩みを解消するための方法を探っていくことが求められるでしょう。

3. 調査メンバーが語る効果的な授業を生み出すための５つのポイント

ここまで、参加型授業の「取り組み状況」「目標・活動・評価」「効果」「悩み」に関する全国の実態を確認しました。このデータはあくまでも調査時点での実態であり、「参加型学習とはこうあるべきだ」という理想を示したものではありません。本調査の対象は、学習者の能動的な学習への参加と思考を促す教授・学習法を全授業のうち１回でも実施した授業ですから、形式的に取り組まれているだけであまり効果を上げることができていない授業から、アクティブ・ラーニングの本質を捉えて高い効果を上げることができている授業まで様々なものが含まれています。

では、参加型授業によって高い効果を上げることができている授業には、どのような特徴があるのでしょうか。これからの社会で必要となる資質・能力を育むうえで効果的な授業を実施するためには、高い効果をあげている授業に共通する法則を明らかにする必要があるでしょう。先生方が高い効果を実感している授業に共通する要素を明らかにできれば、効果的な授業を生み出すためのヒントとなるかもしれません。

そこで、本調査からアクティブ・ラーニングで高い効果を上げている授業・学校について分析を行ってみたところ、効果的な授業をつくりだすうえでの鍵となっているいくつかの要素が明らかになってきました。そこで、なかでも特に重要だと思われるものを**「効果的な授業を生み出すためにふまえておきたい５つのポイント」**として紹介します。ここからは本調査に関わった木村充、山辺恵理子、中原淳のメンバー３人が、それぞれのポイントについて意見を交わしながら、効果的な授業を生み出すための方法について考えていきたいと思います。

調査結果を斬る！
３人のナビゲーター紹介

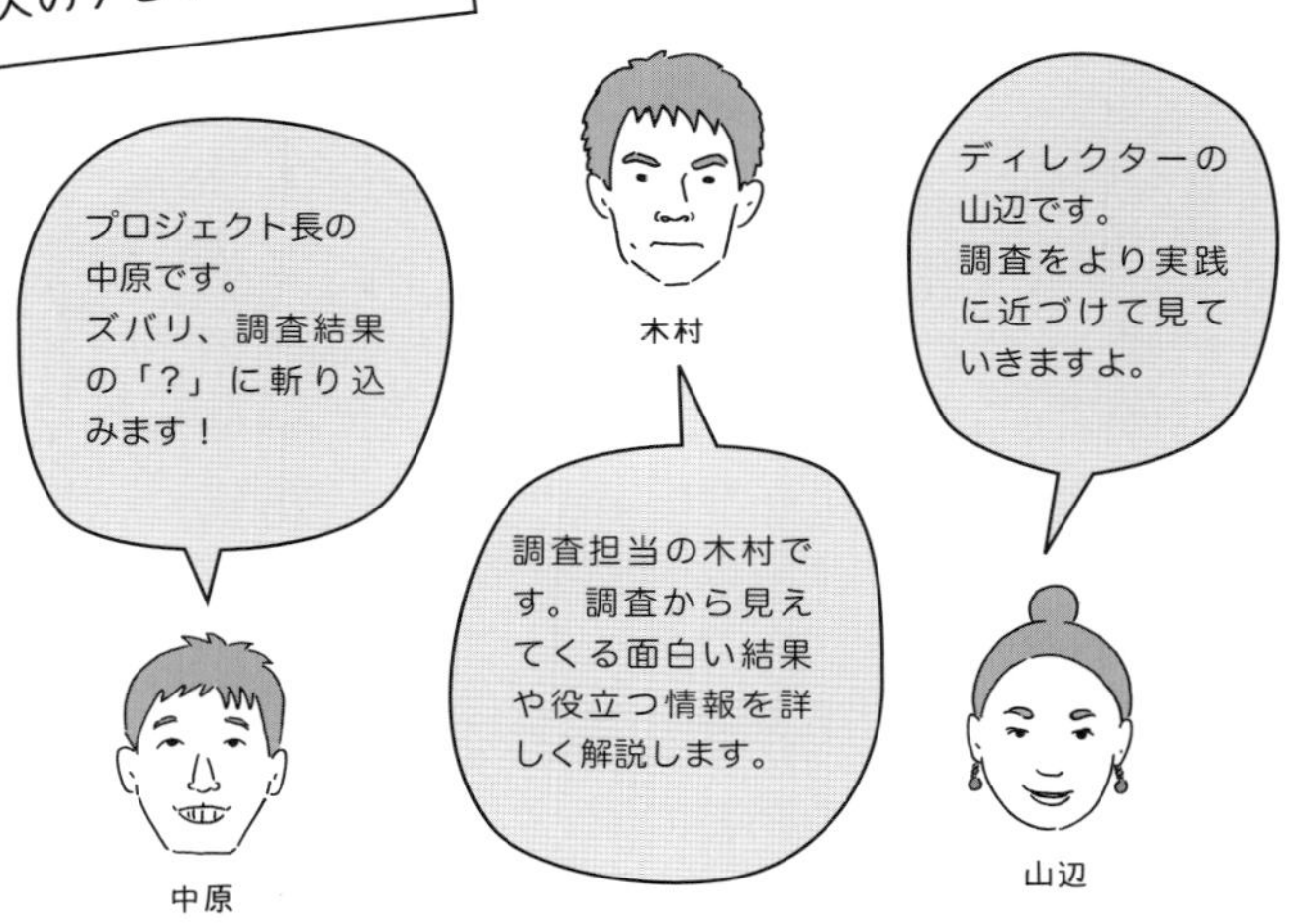

５つのポイント

Point ❶
授業を社会につなげよう

Point ❷
「何を学んだのか」を生徒に考えさせよう

Point ❸
使えるものはなんでも使おう

Point ❹
きちんと評価して授業の改善につなげよう

Point ❺
学校全体でアクティブ・ラーナーの育成に取り組もう

Point ❶
授業を社会につなげよう

表1　参加型授業のねらいと効果の関係 ※3

		効果					
		思考・表現力	課題解決力	教科基礎力	協働性	主体性	市民性
ねらい	思考・表現力	.185					
	課題解決力		.127		-.085		-.061
	教科基礎力			.154		.062	
	協働性				.255		
	主体性		.047		.065	.187	-.079
	市民性	.063	.081	.087			.474

「市民性」のねらいを重視すると他のねらいの効果も高くなる！？

「授業を社会につなげよう」 とは、どういうことですか？

「参加型授業のねらいと効果の関係」の分析から見えてきたポイントです。授業のねらいがどう効果につながるか、回帰分析の結果を示したのが上表です。ねらいと効果の関係が強いほど数値が大きく、その強さを編掛の濃さで表しています。

思考・表現力の育成を重視した授業であるほど思考・表現力が身につき、課題解決力の育成を重視した授業であるほど課題解決力が身につくということですよね。**授業のねらいに応じてその効果が得られている**、ということですか。

そういうことになります。

「どんな力を身につけさせたいのか」といったねらいが明確な授業のほうが効果が高いというのは、当然といえば当然の結果ですよね。参加型授業の場合は特に、きちんとねらいを持って授業を行うということが、大切ですから。

そうなんですが、**注目していただきたいのは「市民性」なんです。**「市民性」というねらいだけが、その他のねらいと比べて、多くの効果と関係していることがわかりました。例えば、市民性のねらいを重視している先生とあまり重視していない先生で、それぞれの効果にどのような違いがあるかを示したのが次ページの図 10 です。

市民性のねらいを重視している授業のほうが、市民性だけでなく、思考・表現力や課題解決力などすべての効果が高くなっているんですね。ですが、そもそも市民性ってなんですか？

※3　回帰分析では、効果に関する各変数を従属変数、ねらい、学習活動、工夫、評価、悩み、克服方法、カリキュラム・マネジメントに関する各変数を独立変数として重回帰分析を行い、1% 水準で有意でない変数についてはパスを削除しました。回帰分析の結果から 5 つポイントを導出し、各表ではポイントと関連する部分のみ示しました。表 2、表 3、表 6 も同様です。

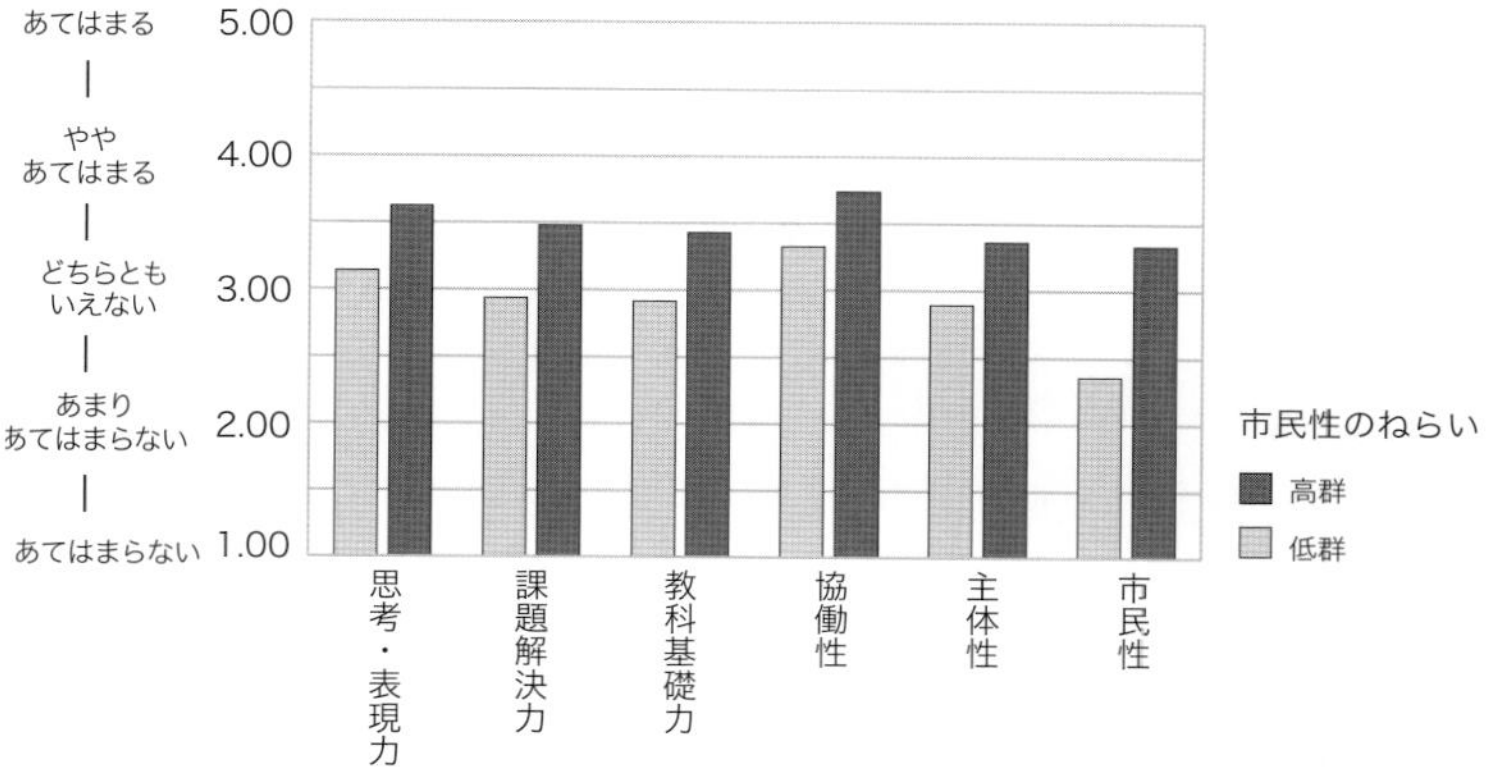

図10　市民性のねらいの高低による効果の違い ※4

社会の中で自分の生き方を自覚し行動する力を育むこと、言い方を変えると、いま教科で教えていることが社会でどのように役に立つのかを意識しながら教えるというねらいでしょうか。調査では、「勤労観や職業観」「社会の一員としての市民性意識」「社会変化に対応できる柔軟性」「自分の生き方についての自覚や将来の進路展望」といった項目が含まれています。効果としての「市民性」には、「生徒の職業や勤労に対する意識が高まった」「社会の出来事などに対する生徒の問題意識が高まった」「地域社会との交流や相互理解が深まった」「生徒の生き方についての自覚や将来の進路展望が深まった」といった項目が含まれています。

「授業と社会をつなぐ」というねらいを持つと、市民性だけでない、幅広い効果が表れるというのはなぜでしょうね？

いろんな仮説が立てられるけど、そもそも**市民性をねらった授業そのものに、思考・表現力や課題解決力などを育む要素が埋め込まれている**から効果が上がる、ということは考えられますよね。「君たちは社会のなかでどうやって生きていくのか」と問うような授業をすれば、本人にも深い理解を促さなければならないし、社会の人を巻きこんで意見交換をするとか、様々な活動が盛り込まれた密度の濃い授業になる。そうした授業のなかでは、先生の手法も変わるし、様々な能力を育む要素も多く含まれているので、効果が出るという。僕は人材開発・人材マネジメントの研究者なので、常に、学校や教育機関を、社会・企業・組織といったより大きな文脈から見つめます。その観点からいうと、アクティブ・ラーニングで重視されるべきポイントは、木村さんがおっしゃった「社会のなかで自分の生き方を自覚し行動する力を育むこと」というご意見はしっくりきます。すべての授業、教科でそれが目指される必要はありませんが、市民性を意識していくことが重要かもしれません。

そうですね。市民性というねらいは、より包括的に生徒の学びを捉えているのかもしれません。何を授業のねらいとするかによって、授業に取り入れる学習活動が変わるのはもちろんですが、**授業を社会につなげて考えることで、生徒への日常的な働きかけやフィードバックも変わってくる**のではないかと思います。

市民性がねらいとなる授業は数学や理科でもできる!?

でも、市民性がねらいとなる授業というと、教科としては、地歴・公民以外は難しいようにも思えます。

調査結果でも、市民性は他の教科よりも地歴・公民で

※4　市民性のねらいと効果の関係性を検討するため、市民性のねらいを上位・下位 25%に分け、その高低を独立変数とし、効果の各変数を従属変数として、分散分析を行いました。その結果、効果に関するすべての変数について、1%水準で有意な差が見られました。

重視されています。ですが、**アクティブ・ラーニングは、新しい時代において社会で必要とされる資質・能力を育むための教授・学習法として注目されはじめた**というのもあります。このとき、社会の変化に柔軟に対応する、社会のなかでの自分の生き方を見つけるなど、生徒が自己と社会をつなげて考えられるようになることは、とても大切なことです。

つまり、思考・表現力、課題解決力、教科基礎力、主体性、協働性といった力は、身につけてほしい大事な力なのだけれども、それらの力が「何のために大事なのか」を問う部分が市民性のねらいに入っているということですね。

そのとおりです。変化の激しい社会のなかで自分の人生を切り拓くためには、知識や技術を身につけるだけでなく、**「各教科で学んだことが社会のなかでどう活きるのか」「自分は社会のなかでどう生きるのか」を生徒が自覚しながら学んでいくことが大切になる**でしょう。しかしながら、「市民性」というねらいが各教科において軽視されがちであるという現状があります。

確かにそうだけど、やはり教科によって難しいところはありそうだよね。数学の先生からすると、「数学で市民性と言われてもね…」と。

教科による難しさは存在しますね。ただ、難しいと思われている教科でも、取り組まれている事例もあります。例えば、以前見学させていただいた立命館宇治高等学校数学科の酒井淳平先生は、「なぜ学ぶのか」を生徒と考えるキャリア教育授業（キャリア・サービス・ラーニング）を実践なさっているのですが、数学の授業でも「なぜ数学を学ぶのか」を意識しながら授業なさっています。酒井先生は、「数学には答えがあるからこそ問題解決のいい練習になる」「数学は英語以上のグローバル・ランゲージだ」というお考えをお持ちでした。社会の問題を解決することと数学の問題を解決すること、数学という言語を操ることと英語という言語を操ること、根本は一緒ということでしょうね。

「数学は英語以上のグローバル・ランゲージだ」というのはほんとうにそのとおりですね。大学や職業という観点から言うと、もう文系・理系に分けている時代ではないんです。人文社会系を卒業して企業に入ってシステムエンジニアをやる、ということもよくあることですし、文系の人でもマーケティングの分野に入ったら統計をやらなくてはならず、文系でも数学的思考力は求められます。しかも、これからの時代は、多様な人たちと協働する力が必要になります。いろんな専門家と協力してプロジェクトを進めていくときには、文系・理系関係なくお互いの言葉を理解できる力も必要になります。そのときはまさに数字で語る力が必要になります。

文系・理系問わず、どんな教科も絶対に社会との結びつきはある。となると、それを先生方が言語化することが大切なんでしょうね。

もちろん自分の教えている教科が社会に出て役に立たないと思って教えている先生はいないはずなのです。ただ、それが明確に意識化・言語化されていないために、生徒への働きかけや、授業づくりに生かすことができていないだけではないかと思います。

理想は**教科の授業のなかで、それぞれ今、やっていることは将来の役に立つとか、今の自分に役に立つとか今の自分が世界を広げるためにあるって思えるようになること**かなと思います。そういう意味では、現状では進学重視、指導重視、暗記注入型という授業がまだまだ多い、ということなのかもしれません。

先生方が、社会の現状や、その社会のなかで生きる卒業後の生徒たちのキャリアを明確にイメージできていないということもあるのかもしれません。ですが、変化の激しいこれからの時代を生きていくためには、生徒たちが自分の頭で考えて、自分の力でキャリアを切り拓いていく力が必要になるということを理解する必要があるでしょう。

物理の授業で自分の課題を自分で解決する力がつく !?

自分の頭で考える力といえば、岐阜県立可児高等学校の理科（物理）教諭の浦崎太郎先生は、生徒たちにアインシュタインの思考のプロセスをたどらせるような授業をなさっていました。当時の物理の理論ではなぜ答えを出せなかったのか。それで、どういうふうに理論を組み替えたら説明できるようになったのか、といったことを考えさせるのです。理論をただ理解するだけではなく、その理論にたどりついた人間がどのように考えたのかを学ぶことで、自分たちもアインシュタインのように思考できる、ということがわかるのです。

アインシュタインが試行錯誤したプロセスを追体験することで、科学的な考え方を学ぶと同時に、課題解決のプロセスを学ぶことができるわけですね。

将来の進路を考えたり、自分の生き方を考えたりということも、市民性のねらいに入っていますが、アインシュタインの課題解決の話がわかれば、自分の課題をどうやって解決するかを自分の頭で考える力もつくはずです。どの教科もそうした力につながっていると考えると、**市民性のねらいを意識することで、授業にいろんな意味づけができる**ような気がします。

右肩上がりの時代は何も考えなくても、いい大学に入れば、エスカレーター式にそこそこの企業に入れて将来が保障されていたわけです。ですが、いまはエスカレーターはあっても、乗れない人がいっぱいいるうえに、踊り場がいっぱいあって、社会人になってから降ろされてしまうことも多々あります。１つの組織がその人の仕事人生を丸抱えしてくれる時代は、もうすでに色褪せているのです。**自分の仕事人生を自分ごととして捉え、考えていくことが、これからの時代をたくましく生きる子どもたちには必要**なことだと僕は思います。

そうなると、自分で道をつくらなくてはならないし、自分で自分の問題を解決しなくてはならない。だからこそ、昔よりももっと考える力が重要になっているのかもしれません。

現時点では、各教科において「授業で学んだことと社会をつなげて考える」「自己と社会をつなげて考える」ところにまだまだ課題がありそうです。**いかに「授業を社会につなげる」か、この点をふまえて授業設計することが、高い効果を生み出すためのポイント**となりそうです。

授業を社会につなげることは、工夫によっていくらでもできそうですね。それぞれの教科で、生徒たちの将来にどんなふうに役に立つのか、教科としてどうしたら社会で使える力がつくのか、ということを先生方が問い直してみるといいかもしれません。

Point ❷
「何を学んだのか」を生徒に考えさせよう

表2　参加型授業の学習活動と効果の関係 ※3

		効果					
		思考・表現力	課題解決力	教科基礎力	協働性	主体性	市民性
学習活動	理解深化型	.071	.076	.074	.066		
	探究活動型	.078	.158				.088
	意見発表・交換型	.083		.068	.111	.043	
	社会活動型						.077
	芸術・創作活動型						

理解深化型の学習活動が授業の効果を高める

2つ目のポイントは**「何を学んだのか」を生徒に考えさせよう**、ということですが、これはどういうことですか？

授業の学習活動の観点から、効果的な授業について分析した結果をもとに導き出したポイントです。表2を見てください。**「探究活動型」の学習活動によって課題解決力が身につく、「意見発表・交換型」の学習活動によって協働性が身につくなど、学習活動に応じた効果が得られていること**がわかります。

学習活動がねらった効果が出ているということですね。当たり前といえば当たり前な気もしますが。

注目していただきたいのは「理解深化型」の学習活動です。「意見発表・交換型」の学習活動とともに、「理解深化型」の学習活動は幅広い効果と関係していることがわかりました。理解深化型の学習活動が、生徒の学習成果を下支えしていることを示しているのではないかと考えました。

理解深化型の学習活動を取り入れると、生徒の学びが促される、ということだね。

そのとおりです。例をあげて説明します。次ページの図11は、「意見発表・交換型」「理解深化型」の学習活動と「協働性」の効果との関係を示したものです。「意見発表・交換型」「理解深化型」の学習活動への取り組み度合いによって、それぞれ高中低の3つのグループにわけ、それぞれのグループにおいて教科主任の先生方がどの程度の効果を感じているかを示しています。

3本の折れ線のうち、濃い実線・点線は右肩上がりです。「意見発表・交換型」の学習活動に力を入れて取り組んでいる授業ほど、「協働性」の高い効果を実感していることがわかります。一方、淡い実線は緩い山形を描いています。これは、**「理解深化型」の学習活動にあまり取り組んでいない授業では、「意見発表・交換型」の学習活動にいくら力を入れて取り組んでも、あまり効果がない**ことを示しています。

「理解深化型」の活動をあまり取り入れていない授業で

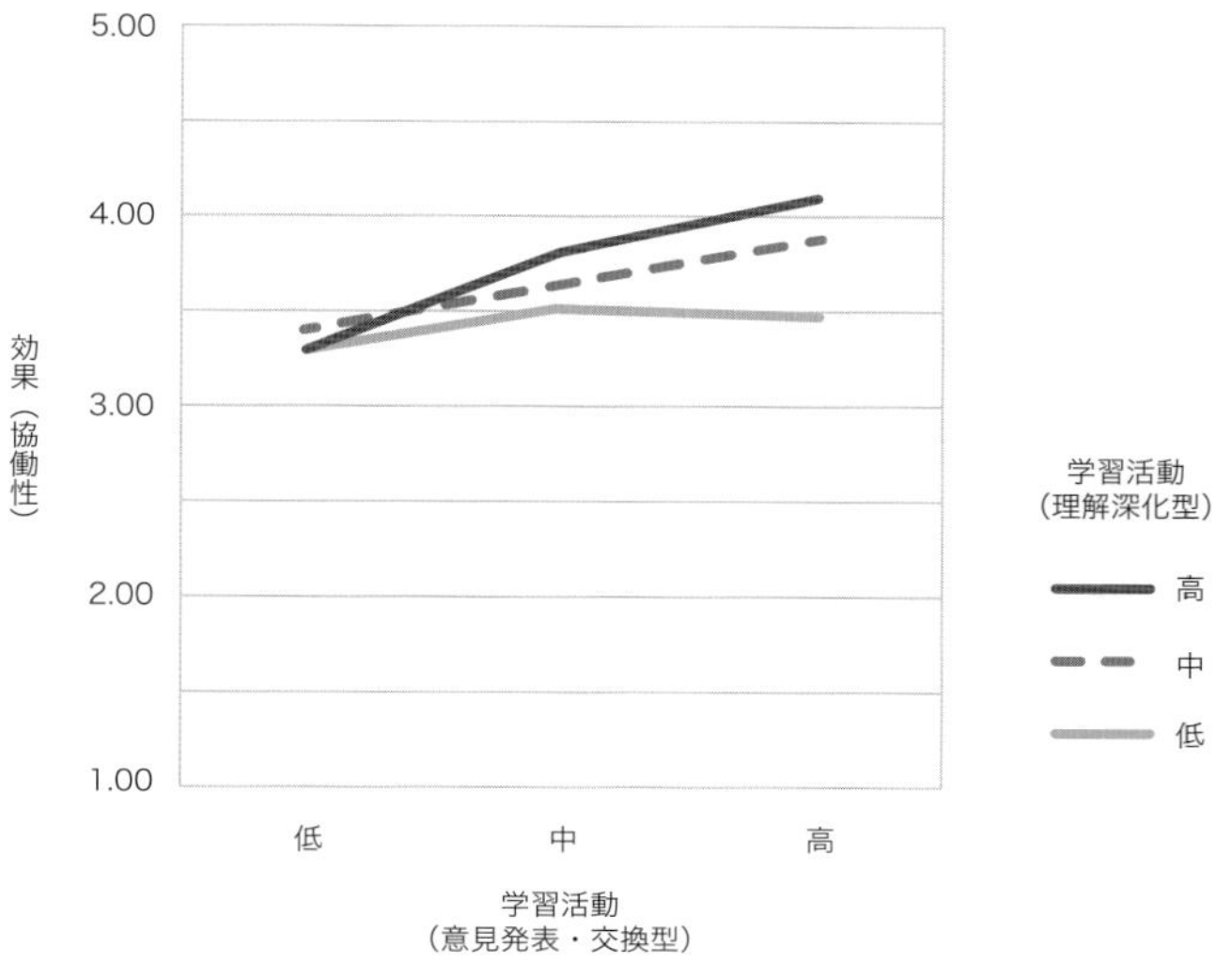

図11　参加型授業の学習活動と効果の関係 ※5

は、せっかくグループ学習などを通して「意見発表・交換型」の活動をしても、「協働性」が高まる効果があまり得られない、というわけですね。

そうなんです。もちろん、話し合いやプレゼンなど「意見発表・交換型」の活動に力を入れて取り組むことで、生徒の協働性などを育むことをねらうのはよいことです。しかし、**同時に、学んだことを生徒自身が振り返り、思考を整理する活動を組み合わさなければ、生徒の協働性は高まらない**ようです。この分析結果から言えるのは、効果的なアクティブ・ラーニングを生み出すためには、**「何を学んだのかを生徒に考えさせる」ことがポイントになる**のではないかということです。

ところで、「理解深化型の学習活動」というのは、そもそもどんな活動なんですか？

この調査では、5つの項目からなっています。①学習について自分で客観的に振り返る活動、②データの整理、分析やレポート等のまとめ活動、③プリントや壁新聞等を作る活動、④生徒同士がお互いに評価し合う活動、⑤教員による思考の活性化を促す説明や解説、となっています。一言でいうと、**自らの学びを振り返って、思考を整理したり言語化したりし、学びを明確化する活動**ということになりますね。

いまの授業を振り返ってまとめてみましょうとか、学んだ内容を整理してみましょうとか。同じ班のメンバーが学んだことを評価してあげましょうとか。**教員による説明や解説も理解深化型の学習活動に入っている**んですね。

はい。先生が思考の活性化を目指して行ったものであれば、理解深化型の活動に入ってきます。また、確認テストやまとめプリントなども、学習について自分で客観的に振り返る活動に入ってくるかと思います。

小学校の「振り返り」と高校の「振り返り」の違い

一言でいうと「振り返り」ですよね。**どんな形態の授業であっても、授業の効果を高めるためには、振り返って理解を深めることが重要**ということですよね。「振り返り」の重要性については、かなり広く浸透してきているとは思いますが、一方で、「振

※5　意見発表・交換型、理解深化型の2つの学習活動と市民性の効果の関係性を検討するため、2つの学習活動の実施度を平均値 ± 標準偏差で高中低の3群に分け、両変数を独立変数とし、市民性の効果を従属変数として、2要因の分散分析を行いました。その結果、2つの学習活動の主効果、および交互作用について、1% 水準で有意な差が見られました。

り返り」が形骸化していて、効果につながっていないケースも増えている気がします。

振り返りに関する研究も、もっともっと増えてほしいです。最近では、山辺さんをはじめとして、坂田哲人さん（帝京大学）、村井尚子さん（京都女子大学）、矢野博之さん（大妻女子大学）、中田正弘さん（帝京大学）らの研究グループが精力的な研究をなさっていますね。すばらしいことです。

振り返りが重要なのはわかるのですが、どうすれば深い学びにつながる振り返りをできるのか、わからない部分が多いですよね。

振り返りは、僕が大学院生だったころに、すでに重要性が指摘されていたのにもかかわらず、それから 20 年弱たって、この領域に戻ってみると、あまり変化がなかったことに大変驚きました。相変わらず「振り返りって知っていますか？」とか「振り返りが重要なんです」と述べているだけのように感じました。

嫌われるのを覚悟で申し上げますが「振り返りが重要です」といったような指摘だけで終わってしまうのは、「20 年前の遺物」なんです。今後は、山辺さんらの研究グループがなされているように、**どういった文脈のときに、どのような振り返りを促し、どう学びを析出するのかを、丁寧に意識した実践研究が重要**だと思います。具体的で、生々しい振り返り研究がより多く増えていくことを願っています。

現場では、いきなり「振り返ってください」と言われて、感想を言い合って終わる、とかが、まだまだ多いかもしれませんね。

アクティブ・ラーニングには振り返りが必要、といったことはなんとなく浸透しているのですが、生徒に対して振り返りの目的、その効果、その方法すらも説明がないことは多いですね。

振り返りとは何か、どうやればいいのか、どんなメリットがあるのかについてきちんと説明できている先生はそう多くないかもしれません。

小学校では振り返りをよくしています。おそらく、今の子どもたちは「振り返りをしなさい」という指示を受けることには慣れています。ただ、小学校の先生方がやっている振り返りは高校とは少し意味合いが違います。小学校の振り返りの場合は「全員が理解してついてきているかどうか」を確認することが、非常に重要です。一方、**高校で求められている振り返りは**、クラス全体の理解度もありますが、それ以上に、**習った内容、活動を通して学んだ内容について一人ひとりの生徒自身がちゃんと意味づけをできているかというところが肝**となります。つまり、いま習った内容を自分にとって意味があることだと思えるかどうかが重要なのですが、このような高校レベルで求められる振り返りを促すことは、振り返りの方法論を学ぶ機会の少ない先生方にとって難しいところもあります。

授業の最後にちょっと今日やったことを思い出して「楽しかったです」という感想を述べるのでは、浅い振り返りですよね。もっと深く、彫り込まなければ、ダメなんですよ。そして、振り返るだけじゃなくて、アクションにつなげないと。

意見発表・交換型の活動は、生徒たちから、目的ではなく手段として捉えられることが多いかと思います。

例えば、ディスカッションによって生徒にコミュニケーション力を身につけてほしいと考えたとします。しかし、そのような目的が明確に伝えられなければ、生徒たちは、ディスカッションによって「コミュニケーションの方法を学ぶ」ことではなく、ディスカッションで取り上げる「テーマへの理解を深めること」を目的として

捉えます。そうなると、生徒たちは、ディスカッションによってコミュニケーション力や協調性が身につくといったことをあまり意識しません。自身のコミュニケーションのあり方について考えを深めることもなく、「楽しかったです」といった振り返りになってしまいがちです。

ディスカッションならば「今後、論争をしなくてはならない場面があったらどうすればいいのか、どうやってチームで役割分担すればいいのか」といった知恵をつくるために振り返るわけですよね。ビジネス用語で「棚卸し」という言葉がありますが、それに近いように思います。**今までやってきたことを棚からおろして机の上に広げ、整理し直し、意味づけをし直して、明日から便利に使える道具として持ち帰る**、というような感じのことですね。

参加型授業の効果を高めるためには、手段としての教育方法、ディスカッションとかディベートとかプレゼンとか、それ自体についても振り返ることが大切です。

グループ活動の場合は、チームのメンバーとしてどんなふうに役割分担してできたのか、といった点についての振り返りも重要です。いずれにしても、**振り返るべき対象は何で、目的は何で、どんなやり方で振り返るのかを、先生が生徒にきちんと説明しておく必要があります**ね。

アクティブ・ラーニングには理解深化型の活動が不可欠

どんな形態の授業であっても、理解深化型の活動は有効なのですが、特に参加型学習、**アクティブ・ラーニングの授業において理解深化型の活動が不可欠**だといわれます。

そこには経験を省察することで学ぶ、**経験学習理論がベースにあります。アクティブ・ラーニングのポイントは、生徒に活動させること自体にあるわけではなく、活動の後、振り返りを通してそれを意味づけすることにあります。**その時間をとらないとやりっぱなしで終わってしまいます。アクティブ・ラーニングでは活動と振り返りがセットで行われないと意味がありません。

こんな例がわかりやすいかもしれません。生徒たちが「商品を置く場所やレイアウトによって売れ行きが違う」といったことを学ぶ目的で、コンビニエンスストアでの品出しの手伝いをやらせてもらったとします。でも、そうした観点での振り返りを一切せずにやりっぱなしで終わったら、単に「お店の品出し」を手伝っただけになってしまいますよね。作業で終わりなんです。本来の学習目的である「商品を置く場所やレイアウトによって売れ行きが違うこと」という理解には生徒は到達できません。また、近い将来、もう一度、品出しを行ったときに、どの商品を、どこに置けばよいのかはわからない。つまり、「次のアクション」にもつながらないのです。

振り返りがないと、単に労働力を提供しただけになってしまいますね。体験をする前に「コンビニエンスストアの商品の並び方について調べてみよう」といった導入と、体験した後に「商品を置く場所やレイアウトによって売れ行きにどんな違いがあったかな？」といった**振り返りがなければ、せっかくの体験が学びにならない。**致命的ですね。

ですが、高校の先生方が戸惑われるのも少しわかる気がします。これまで、高校の先生は予備校のカリスマ講師みたいに「わかりやすくしゃべる」ということを少なからず求められてきたわけです。そこへ突然「活動を入れるぞ」ということになり、「教える教師の時代はもう終わった。もうしゃべるな」みたいなことを言われている（笑）。そうなると、導入のところではなぜこの活動を

やるのかを説明しなくてはいけないとか、振り返りの時間は教師がきちんと問いかけをして指導力を発揮しなくてはいけない、といった介入の加減がわからず、「生徒たちに学ばせるため、とにかく自分は黙っていよう」となってしまうのも仕方ないことですよね。

「アクティブ・ラーニング＝俺が黙る授業ね」と、一気に手を引き過ぎてしまう…。本当はそんなことはないんですけどね。それが生徒たちの理解深化につながるのであれば、しゃべる授業でもまったく問題ない。しゃべらなければならないことは、自信を持って、しゃべってほしいのです。ただし、自分がしゃべったのなら、そのあとに、脳がちぎれるほど考えさせる時間を生徒に持たせてあげてほしい。

実際、**振り返りを大事になさっている先生のなかには、説明するということも大事になさっているという方が多い**ようですね。

「アクティブ・ラーニングは先生が黙る授業」ではありません。**生徒に脳がちぎれるほど考えさせる授業**だと僕は思います。そのために必要ならば、必要なことはしっかりと伝えてあげてほしいと思います。

振り返りのやり方は毎回変えてもいい

生徒自身が活動からの学びを意味づけし直す、といった、高校で求められるレベルの振り返りを広めることが難しいのは、先生方のなかにある**「わかりやすくしゃべる先生がいい先生」という固定観念が抜け切らない**ところもあるのかもしれません。ABCDと教えたら、生徒がABCDと覚えてABCDと答えられる、というような先生がよいとされていた時代が長く続いてきましたから。そういった先生は、どうしてもABCDの順番で教えたら、生徒たちにもABCDとして覚えてもらいたいし、振り返りをさせるときもABCDで覚えているかを確認したくなってしまう。

　でも実際には先生の理解の仕方と生徒の理解の仕方は違うし、その教科内容の意味づけも先生と生徒では異なっているので、振り返りを通して生徒に意味づけをさせると、生徒からはDACBと組み替えられた知識が返ってくるかもしれない。そのズレを確認するのを怖がる先生もいらっしゃいますね。

ABCDの順番で話したとしても、実際はなかなか伝わらないものですよね。相手の理解度によって自分の教授の成果が測られてしまうと考えてしまうと、振り返りをさせる、ということは先生にとって怖いことでもあるのでしょうね。

ABCDと教えてもABCDで理解されるわけがない、ということが、共通認識になればもっと多くの先生方にやってみようと思ってもらえるような気がします。

振り返りを効果的に取り入れていらっしゃる先生方は増えているようです。例えば、先ほどお名前の挙がった可児高校の浦崎先生は、授業の後に確認テストのようなものをやって、生徒同士で答え合わせさせるという活動を取り入れていましたが、そこにも振り返りの要素が含まれていました。

教科の内容についてのテストなんですか？

教科の内容についての確認テストなのですが、それ以外にも設問があって、その問題を解いて気づいたことや学んだことを書かせるなど、いくつかのポイントで授業を振り返られるような問いをプリントのなかにちりばめていました。学んだことを自分の頭の中で再構成させることを重視しているそうです。また、立命館宇治高校の酒井先生のキャリア教育の授業では、１年間の授業のな

かで学んだ内容について、キーワードを列挙させて、そのキーワードを関係性でつなぐコンセプトマップを描くことで、振り返りをなさっていました。

振り返りといっても、いろんな側面がありますよね。学んだことは何かを見える化をする「What ？」の側面もあれば、学んだことがどういう意味を持っているのか「So What ？ 」の側面、そこでこれからどうするのか「Now What ？」を考える側面もある。だから、**振り返りのやり方というのは、毎回変えてもいいのではないか**と思います。いつも話し合うのではなく、ひとりで考えてもいいし、たまにはコンセプトマップをやってみるとか変化がないとつまらないですよね。振り返りにもバリエーションがないと飽きてしまいます。大人は飽きっぽいせいか、**企業の研修ではいろんな振り返りの手法がつくられています。**いま一番やられている気がするのは、「Keep ＝よかったこと」「Problem ＝うまくいかなかったこと」「Try ＝次に試したいこと」の３つのフレームワークで考える方法。

いわゆる KPT（ケプト）法ですね。

YWT 法というのもあります。「やったこと」「わかったこと」「次にやること」。

こちらはローマ字なんですか（笑）。

学校現場でも、オリジナル振り返り法がたくさん生まれるといいなと思います。「他人のつくった振り返り手法」を使うのではなく、自分で自分の教科にあった、自分らしい振り返り手法を、つくればいいのです。これこそ、クリエイティブな活動ではありませんか。

Point ❸
使えるものはなんでも使おう

表3　参加型授業の悩みと効果の関係 ※3

		効果					
		思考・表現力	課題解決力	教科基礎力	協働性	主体性	市民性
悩み	教育効果に関する悩み			-.099			
	授業の進度に関する悩み					.042	
	生徒の学習態度に関する悩み	-.154	-.162	-.136	-.152	-.175	-.106
	教員の理解に関する悩み	-.053					-.047
	教員の負担増加に関する悩み				-.055		
	生徒や保護者の理解に関する悩み						.065
	教育資源に関する悩み						
	授業方法や評価に関する悩み					-.087	

先生たちを学びの場に送りこもう

3つ目のポイントは「**使えるものはなんでも使おう**」って……。いったいこれはなんですか？

すみません。適切な表現が見つからなかったもので……。効果的な授業について、授業実施上の悩みの観点から分析したものが表3です。アクティブ・ラーニングの**高い効果を実感する上で阻害要因となっているのが、「生徒の学習態度に関する悩み」**なんですね。

なるほど……私語が多かったり、話し合いが成立しなかったりと授業に取り組む態度に問題がある場合、高い効果を期待することが難しそうですね。

はい。そして生徒の学習態度に関する悩みを左右する大きな要因の1つが、**進学校か進路多様校かといった生徒の進路先による学校のタイプ**です。図12は、生徒の進路先によって学校を「難関進学校」「中堅進学校」「中堅校」「進路多様校」に分類し、学校のタイプ別による「生徒の学習態度に関する悩み」の度合いを示したものです。この図のとおり、進学校であるほど「生徒の学習態度に関する悩み」は小さく、**進路多様校であるほど「生徒の学習態度に関する悩み」が大きい**ということです。予備調査でも、「アク

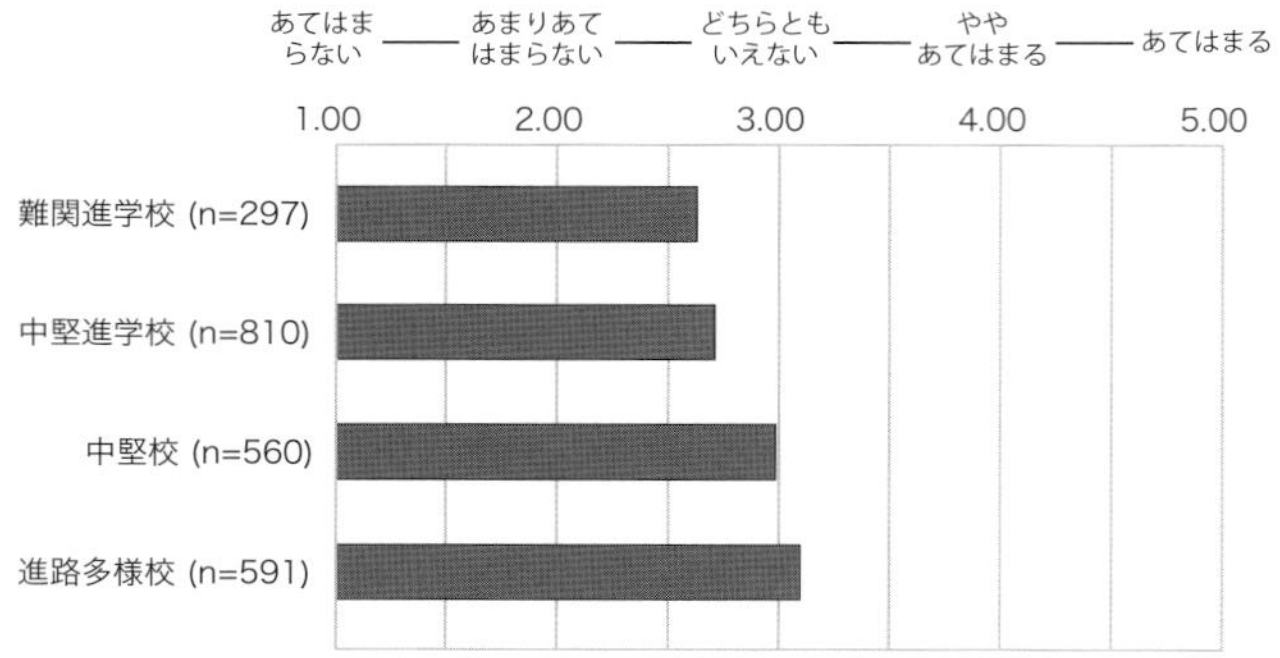

図12　進路先タイプによる生徒の学習態度に関する悩みの違い

ティブ・ラーニングは、基礎・基本の定着が前提となっており、学力が伴わない我が校では難しい」というような意見が数多くみられました。

そもそも「生徒の学習態度に関する悩み」を抱えた学校では、アクティブ・ラーニングであっても通常の講義型の授業であっても、学習の効果を上げることが難しいのではないか、という気もするけど、確かに参加しようとしない生徒を参加型授業に参加させるのは大変なことだと思います。

ただ、そうした「生徒の学習態度に関する悩み」を抱えた進路多様校のなかにも、その悩みを克服してアクティブ・ラーニングの効果を実感しているという学校もあるんです。

何かよい克服方法があるんですか？

はい。表４は、悩みの克服方法と参加型授業の効果の関係を、進路先タイプ別に見たものです。ここでは６つのタイプの効果を合算しています。結果、**進路多様校であっても、「関係者の理解の獲得」「公的支援の獲得」「校外リソースの活用」などによって悩みの克服に取り組んでいる学校ほど、参加型授業による効果を強く実感している**ことがわかります。また、その克服方法と効果の関係の強さも、他の進路先タイプの学校と比べてやや大きなものとなっています。

一番効果の高い「関係者の理解の獲得」というのは、どんな関係者なのですか？

例えば、生徒、保護者、学校の管理職、そして地元の企業などです。具体的には「生徒の提案を受け入れる」「保護者の理解を得る」「管理職の理解が得られるよう働きかける」「企業と連携する」といった項目です。

生徒たちだけでなく、教員、保護者、地域の人たちまで授業に巻き込む、というイメージでしょうか。「公的支援の獲得」「校外リソースの活用」というのはどういったことを指していますか？

「公的支援の獲得」は、「補助金や助成金を獲得する」「国や自治体の方針として示してもらう」といった項目で、「校外リソースの活用」は「校外での研修会や勉強会への参加を奨励する」「他校の教員との交流を促進する」「大学の研究者などからの助言をもらう」といった項目です。

補助金や助成金というのは、なかなかハードルが高いですよね。校外での研修会や勉強会への参加というのも、生徒の対応で忙しい進路多様校の先生たちには難しいかもしれない。やっぱりお金をかけたり時間をかけたりする余裕がないと無理、ということなのかな。

それがそうでもないようです。必ずしもお金のかかる話ばかりではなくて、校外の研修といっても、先生たちが他校の教員と交流し、情報交換することが悩みの解決につながったという回答がいくつもありましたし、同校

表4　進路先タイプ別の克服方法と効果の相関 ※6

		効果総合			
		難関進学校	中堅進学校	中堅校	進路多様校
克服方法	校外リソースの活用	.258	.231	.203	.275
	校内研修や同僚との学習	.228	.232	.169	.250
	関係者の理解の獲得	.330	.237	.203	.368
	授業・評価方法の工夫	.235	.177	.081	.175
	公的支援の獲得	.240	.148	.122	.283
	リソースの整備	.168	.044	.022	.085

※６　進路先のタイプごとの悩みの克服方法と効果の関係性の違いを検討するため、６つの効果をすべて合計した総合効果の得点を求め、その得点と克服方法の６つの下位尺度得点との相関係数を、進路先のタイプごとに算出しました。

表５　進路多様校における悩みの克服方法の具体例

校外リソースの活用
・ペアやグループで話し合うだけでは効果がなく、教員・生徒間で目的をしっかり確認しないと単なる「おふざけ」になるのではという疑問があった。同様の悩みを抱えている他校の教員と授業について話すことで、その問題点に気づくことができ、改善することができた。 ・研修において、他教員が実践していた授業や指導案を見ることが一番参考になった。課題の克服には、生徒との対応・発問、授業の進め方など、あるべき姿を教員自らが探求し、あらゆる手段を通じて解決策を模索する姿勢が求められる。 ・学校から声かけをし、大学の研究者等と連携して取り組んだ。参加型学習の進め方について助言・指導をもらったり、一緒に評価法を開発したりするなかで、悩みの解決や授業力の向上に寄与した。
校内研修や同僚との学習
・従来から取り組んできたことに加えて、さらにICTの導入など大がかりなことをしようとすれば、費用と時間がかかる。あまり気負うことなく、教員同士で話し合い、実践可能なものから取り組むことで、一つひとつ改善していくことが大切。 ・参加型学習による「大学受験に必要な学力の低下」という誤った認識に対する説得力ある実践例を、同校の同僚や自主的な勉強会で学んだ。教員は、常に学ぶ姿勢を持ち、よりよいネットワークを築く努力が必要だと実感した。 ・受動的な生徒の多い本校においては、「参加する」のではなく「参加させられる」になってしまい、参加することの必要性の理解を促すことだけで多くの時間をとられてしまう。個人や教科単体での取り組みで、生徒の飛躍的な成長を見込むのは不可能である。この問題について校内での研修などで取り上げ、教科を横断した、学校規模の取り組みとすることで少しずつ改善していった。
関係者の理解獲得
・大学入試に対する不安を、教員だけでなく生徒や保護者も持っている。入試での得点と直接結びつかないと思われると生徒や保護者の理解を得られないが、これからの学力観と、それを身につけるうえで参加型学習が重要であることを丁寧に説明することで、生徒の自発的な学習が見られるようになった。 ・本校の生徒は参加型授業をあまり望んでおらず、普通に座学をしてほしいという意見が出る。ディベートを授業に取り入れたときも最初の頃は生徒から「こんなに難しいことは無理だ」という意見が多かった。しかし、生徒にアンケートをとってディベートのテーマを決め、テーマを身近で興味・関心あるものに設定することで、生徒たちは「わかる喜び」を知り、「もっとディベートしたい！」という声があがるようになった。新しいことを始めるには周囲の理解と協力が必要である。なぜそれが必要なのかを理解し、その活動のなかで楽しさを感じることができれば、生徒は自分たちで（勝手に）成長していくことがわかった。 ・参加型学習の必要性については、地域や企業からの理解が得られやすい。地域や企業に理解を求め、それらと連携することで、特色あるプログラムを実施したり、人的な協力を受けたりすることができた。
公的支援の獲得
・セミナーや研修会に参加したが、本校での実施は困難だと思い当初は導入していなかった。しかし、県の指導主事の丁寧な助言・指導により導入に至り、改善に向けて試行錯誤できている。 ・校外学習を実施してきたが、交通費等の物価上昇により金銭的に難しくなっていっている。そのなかで、教育委員会が大型車を手配して生徒を運んでくれ、自治体との連携が必須であると痛感した。 ・教員が外部の研修会等に参加するのに必要な予算を、公益法人等の奨励金への応募によって確保することができた。

の同僚と悩みを相談し合うだけでも効果があるようです。お金をかけるかどうかよりも、**「学びの場」に先生たちが出ていくことを学校として奨励しているかどうか、先生たち自身がアクティブ・ラーニングする環境をいかに整えるかが鍵**になっているように思います。

前ページの表５は、悩みの克服方法として自由回答部分に書いていただいた内容の一部を抜粋したものです。

教室の外から学びの環境をつくっていく

これを見ると、学校だけじゃなく、教育委員会や外部機関が、もっと先生たちが学びの場に出ることを奨励し、支援してもらえると心強いなと思いますね。一方で、お金がなくてもできることはたくさんある。

新潟県立新発田高校の竹田和夫先生は、以前、進路多様校にいらしたときにアクティブ・ラーニングを始められたと話していらっしゃいました。そのときは、生徒の保護者に教室に入ってもらって一緒に授業を受けてもらったそうです。生徒たちは、学ぶ意味がわからないままで学校に来ているから、ディスカッションにならない。でも、保護者は、実際社会に出た後に、改めて教室に入って勉強すると、勉強することの意味がわかる。その保護者に主導権をとってもらってディスカッションを促してもらうのだそうです。

すごいですね。でも要するに、**先生はもちろん、親でも地域の人でも、外部リソースをどんどん投入して刺激を与え、教室の外から学びの環境をつくっていくことが大事**なんでしょうね。必要なのは、「**よって、たかって、アクティブ・ラーニングすること**」なんですよ。

保護者に対するメッセージという面もありそうですね。進路多様校の場合、「勉強嫌いな子どもをこのまま通わせても意味がないのではないか」と思っている保護者もいるかもしれません。授業に参加してもらうことで、保護者に子どもが学ぶ意味を考えてもらうことができます。

保護者を巻き込んだり、地域の人を巻き込んだりということであれば、それほどコストをかけなくてもできそうですよね。**まずは身近なところから、できることからやっていけばいい**のではないでしょうか。

生徒の学習態度に問題がある学校こそアクティブ・ラーニングを

「アクティブ・ラーニングは、基礎・基本の定着が前提となっており、学力が伴わない我が校では難しい」という声についてはいかがですか。私自身、進路多様校の先生から「話し合いをしてもろくな意見が出ないから、最初から教えちゃったほうが早いんだよね」といった本音をお聞きすることがあります。

その気持ちもわからなくはないのですが、だからこそアクティブ・ラーニングが必要なんじゃないかなと思うんですよね。

そうですよね。**今までの授業のやり方で落ちこぼれる生徒がいたから、アクティブ・ラーニング**なんです。一方的な授業のなかできちんと理解していくというのは、概念を理解する力も必要ですし、忍耐力も必要です。進学校の場合は、抽象的な概念を理解する力もあるので、講義型の授業でもついていくことができますが、学力が伴なわない生徒たちほど、抽象的な思考についていくことが難しい。そこで、活動の時間をしっかりととらなくてはならないし、その後に概念を理解してもらうためには、噛んで含めるよう

に説明していかなければならず、どうしても手間も時間もかかってしまいます。

実際、アクティブ・ラーニングを促す授業に長けた先生方のなかには「アクティブ・ラーニングに取り組むきっかけは、進路多様校にいた時代にあった」という声が多く聞かれました。ABCDと教えたのに、Aのかけらもわかってないという状況でこそ、学習者視点で授業を変えていこうっていう気持ちになったそうです。

進路多様校では、抽象的な概念ではなく、より身近な生活に近い具体的な概念を扱う必要がありそうですね。知識や技能の修得を目的にするのではなく、何かをやりたい！という思いを重視して、それをやるために必要な知識や技能を自然と学びたくなる、生徒たちが自分の生活と直接的に関係していると思えるところから学びに入っていくことが大切なんですね。だから**進路多様校にこそアクティブ・ラーニングが必要**なんだと思います。

実際、本プロジェクトを立ち上げて、プレスリリースを出した段階で、最初に来た相談は進路多様校の校長先生からでした。校長先生がお電話で「今、アクティブ・ラーニングの議論は進学校ばかりが焦点化されていますが、本当に必要としてるのはうちみたいな学校なんじゃないかと思うんです。うちは進路多様校だからこそ、子どもたちの学習意欲を高めたいと思っています。学習意欲を高める──それこそがアクティブ・ラーニングですよね」とおっしゃっていました。だから、「学力が伴わない我が校では難しい」という意見を出す先生もいれば、進路多様校に勤めながらアクティブ・ラーニングはむしろ自分たちだからこそ必要だっていう先生もいて、二極化しているのかもしれないなと思います。

学校によって、参加型授業実施上の悩みだけでなく、参加型授業のねらいも異なり、必然的に学習活動、効果なども異なってきます。10の学校があれば、10のアクティブ・ラーニングがある。「アクティブ・ラーニングとはこれだ」と決めつけるのではなく、**学校の特色をふまえたうえで、その学校で何が課題となっているのか、その課題にどう取り組めばよいのかを明確にして授業設計することが、アクティブ・ラーニングを効果的なものにするポイントになる**のではないかと思います。

Point ❹
きちんと評価して授業の改善につなげよう

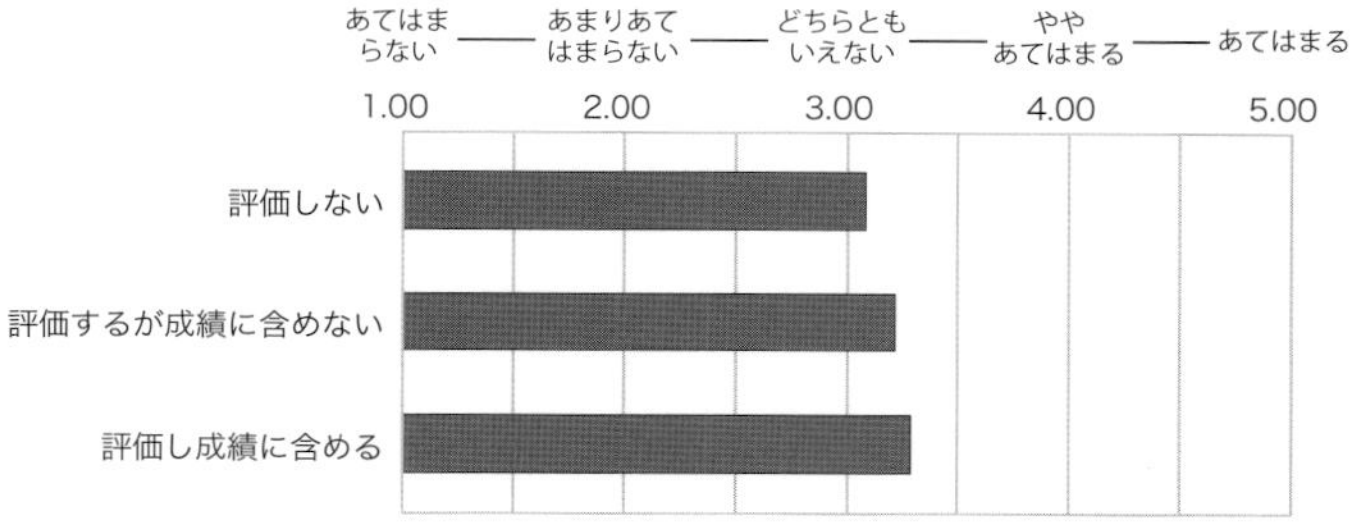

図13　評価方法による効果の違い

アクティブ・ラーニングの「評価」が授業改善につながる

ポイント４は、「**きちんと評価して授業の改善につなげよう**」ということですが、アクティブ・ラーニングを評価しているほうがその効果が高くなるよ、という話なのかな。

端的に言えばそうなりますね。参加型学習の結果やプロセスを評価するかしないか、どのように評価に取り組んでいるかによって、効果の実感がどのように異なるかを分析したところ、**参加型学習の結果やプロセスを「評価しない」と回答した教科よりも、「評価するが成績に含めない」「評価し成績に含める」と回答した教科のほうが、若干ではありますが高い効果を実感**していました。

参加型学習の結果やプロセスを評価したほうが、評価しないよりも高い効果を実感している、というのはどういうことなのだろう。評価をしなくてはいけないから先生たちが授業中に生徒をよく見るようになり、授業改善につながって効果が高くなるということはあるだろうね。

評価をするために、学校全体でいろいろと話し合うようになって授業改善につながった、という可能性もありますね。

そうですね。やはり評価をきちんとやろうと思うと、**先生側もきちんとねらいを明確にしなければならないし、なぜその学習活動をやるのかも明確にしなければなりません。さらに、授業の結果を可視化することで、自身の授業を見つめ直すきっかけにもなります**。評価は授業改善のサイクルを駆動させるアクセルになるといえます。

評価と改善への取り組みと効果との関係を分析した結果、図 14 の通り、「評価に基づいた改善は行っていない」と回答した教科よりも、「評価に基づいた改善を行っている」と回答した教科のほうが、高い効果を実感していました。また、「感覚や経験に基づいた改善」よりも「客観的な評価に基づいた改善」を行っている教科では、高い効果を実感していることがわかりました。

客観的な評価に基づいた改善ってどういうものですか？

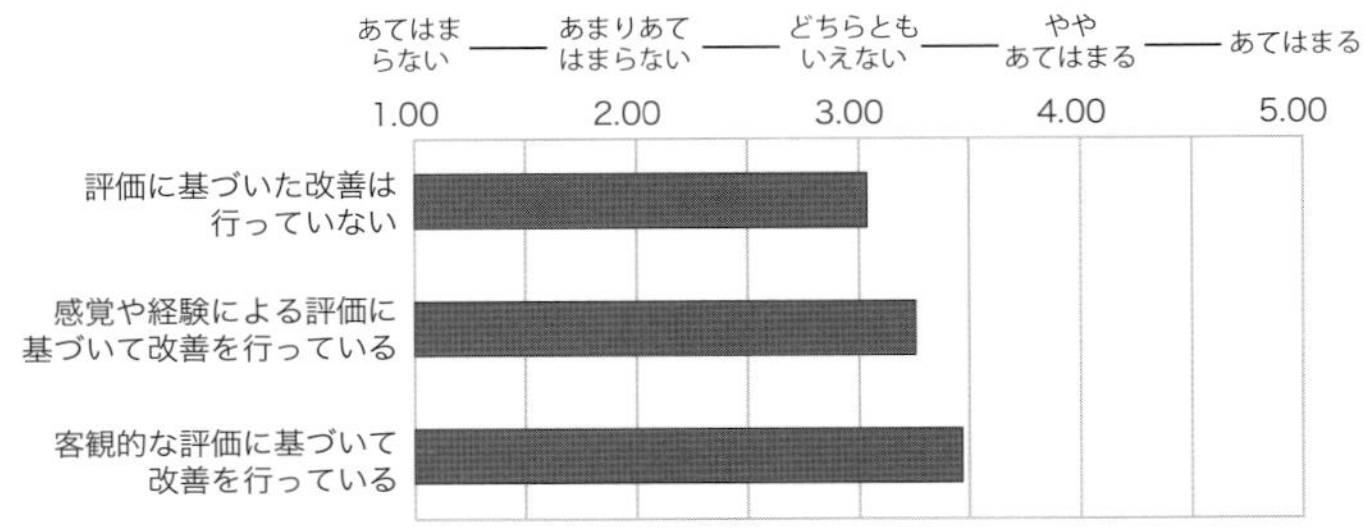

図14　改善の方法による効果の違い

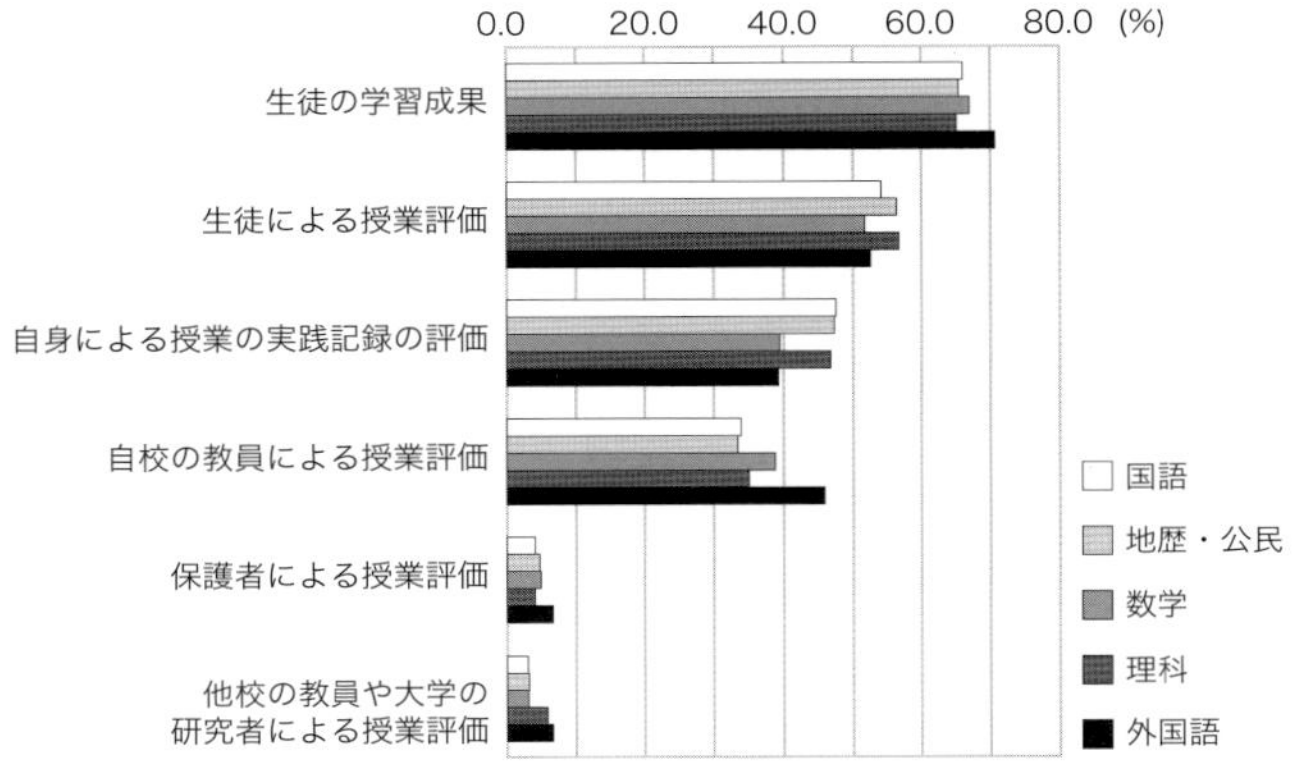

図15　評価・改善の根拠

例えば、期末試験の点数など「生徒の学習成果」を根拠にして「この単元の生徒の理解度が低いのは教え方に問題があったのだろうか」と考えたり、「生徒による授業評価」を根拠にして「生徒が『先生の授業は質問がしづらい』と言っているから、もっと質問をしやすい雰囲気をつくろう」と考えたりするなど、何らかの根拠に基づいて授業を改善することです。

自身の教育活動を評価することは、授業改善への契機となる、ということは確かなようです。

実際、アクティブ・ラーニングに取り組まれている先生方の多くが、「去年はこんなふうにしたけど、今年はこうやっている」「前半はこうやったけど、後半はこうしている」といったように、**「自分が何を教えたか」ではなく、「生徒が何を学べたのか」への評価をもとに絶え間なく授業改善を行ってらっしゃいます**。

アクティブ・ラーニングの評価を成績に含めるべきか？

生徒のほうも、評価をするということになると、授業のねらいをきちんと理解して、いつもより真面目に取り組むということもあるだろうね。

そもそも評価は、参加型授業のねらいや学習活動と一体となるものです。**評価は、評価者がどんな価値に重きを置いているかを意図せずとも伝えてしまいます**。「この授業ではＡが大切だよ」と口で言っても、Ａを評価に含めないと生徒はＡの価値を軽く見てしまいます。なので、授業のねらいに対応する形で評価をすることが大切になります。

思考・表現力を高めることをねらいとしてグループ・ディスカッションの活動を行った場合は、「自分の考えをきちんと言語で表現できているかを評価しますよ」という具合にきちんと評価のポイントを伝えておく、ということが大事ですよね。

「評価するが成績に含めない」のと、「評価を成績に含める」のでは、「評価を成績に含める」ほうが効果が高まる、ということは、やはり評価を成績に含めるほうがいいということなのかな？

そもそも「評価するが成績に含めない」という場合は、どんな評価をするイメージなんですか？

例えば、生徒のプレゼンテーションに対して、先生が良し悪しを評価してフィード

バックするとか、生徒同士でお互いのグループ発表を評価して点数をつけましょうといったことをするものの、その評価を成績に含めることはしない、といったイメージです。

なるほど、やはり「評価を成績に含めます」というほうが、生徒たちはまじめにきっちりやる、ということはあるんでしょうね。

そうですね。成績には含めないとなると、「先生は大事って言ってるけど、成績には関係ないんでしょ」となる可能性はあります。ただ、調査の結果では、評価を成績に含めるか含めないかで、それほど大きな違いは出ていないので、効果を高めるという観点では、そこまで気にしなくてもいいのではないかと思います。**一番大切なことは、「評価をする」ということ**です。

評価が難しいからアクティブ・ラーニングをやらない、というのは本末転倒

実際に「評価を成績に含めている」割合はどの程度なんですか？

調査によると「参加型学習での生徒の活動や成果物を評価し、成績に含めている」という回答が、多くの教科で約65%～70%を占めていました。

もっと少ないと思っていました。意外と多いんですね。

ただ、現場の先生方のなかには、「アクティブ・ラーニングによる生徒の学習成果を客観的に評価するのが難しい」という声も多く聞かれます。

評価対象については「作文やレポートなどの提出物」という回答が最も多く、「生徒の授業への参加度・積極性」「生徒による発表」などの回答も多く見られました。

アクティブ・ラーニングの評価に関しては、学習の質を測るパフォーマンス評価（行動評価）を取り入れるべき、という議論もありますが。

理想を言えばそうだと思いますが、高校で取り入れるには、一度に評価する生徒数が多すぎるような気がします。担当しているすべての授業の生徒に対して、きちんとパフォーマンス評価を行うというのは、現実的には難しいのではないでしょうか。

高校の先生方は大学教員に比べて数多くの授業を担当していますし、期末テストの採点だけで精一杯という忙しさです。その点を考慮すると、大学教育でのアクティブ・ラーニングで活用されている評価方法をそのまま高校に導入しようとするのは無理があるように思います。

パフォーマンス評価を成績に含めるかどうかはともかく、先生同士で話し合って、パフォーマンス評価の指標をつくること自体は、やはりやった方がいいのではないかと思います。そうした機会がないと、先生同士で「この授業で何を目指すのか」「生徒に何をどのくらい学ばせたいのか」「何のためのアクティブ・ラーニングなのか」といった授業のねらいを言語化したり、共有したりすることができない気がします。

評価について考えることで、ねらいを明確化させ、ゴールを共有するためのきっかけにするというわけですね。それならば意味があるかもしれません。アクティブ・ラーニングにおいて、パフォーマンス評価が大事だというのは確かです。ですが、**「パフォーマンス評価が大変だからアクティブ・ラーニングやりたくない」となってしまっては本末転倒**。今の段階はアクティブ・ラーニングへの敷居を下げ、まずはやってみてもらえたらいいのかなと思うのです。

Point ❺
学校全体でアクティブ・ラーナーの育成に取り組もう

表6　カリキュラム・マネジメントと効果の関係 ※3

		効果					
		思考・表現力	課題解決力	教科基礎力	協働性	主体性	市民性
カリキュラム・マネジメント	学校教育目標の意識			.069			
	教育課程を評価・改善する取り組み	.058	.055	.070	.046	.074	.067
	各教員が自分の授業を評価・改善する仕組み						
	評価・改善に向けての一致協力		.051		.038	.063	
	校長による働きかけ		.052			.042	.054

カリキュラム・マネジメントへの取り組みがポイント

5つめのポイントは「**学校全体でアクティブ・ラーナーの育成に取り組もう**」ということですが、これはどういうことですか？

はい。最後に、アクティブ・ラーニングで高い効果を実感している学校はどのような学校なのかという観点から分析してみました。具体的には、カリキュラム・マネジメントの観点から、効果との関係性を見ていきました。

先生の一人ひとりの試みだけでなく、学校全体での取り組みが効果につながっているか、ということですね。

その結果、**カリキュラム・マネジメントに取り組んでいる学校ほど、高い効果を実感している**ことがわかりました。効果的なアクティブ・ラーニングを生み出すためには、個々の先生の頑張りに任せるだけでなく、**アクティブ・ラーナーを育成するにはどうすればいいかを組織として考えていくことが重要**だと考えられます。

ちなみに、ここでいうカリキュラム・マネジメントとはどういう意味なんですか？

本調査では、「**学校教育目標の達成に向けて、教育課程を編成・実施・評価し、改善を図る一連のサイクルを組織的に推進する**」ことをカリキュラム・マネジメントとよんでいます。ちなみに文部科学省は、カリキュラム・マネジメントにおいては次の３点が重要といっています。

1) 各教科等の教育内容を相互の関係で捉え、学校の教育目標を踏まえた教科横断的な視点で、その目標の達成に必要な教育の内容を組織的に配列していくこと。
2) 教育内容の質の向上に向けて、子供たちの姿や地域の現状等に関する調査や各種データ等に基づき、教育課程を編成し、実施し、評価して改善を図る一連の PCDA サイクルを確立すること。
3) 教育内容と、教育活動に必要な人的・物的資源等を、地域等の外部の資源を含めて活用しながら効果的に組み合わせること。

本調査のなかで用いるカリキュラム・マネジメントは主に 2) の意味にあたります。

調査対象は誰だったのでしょうか？

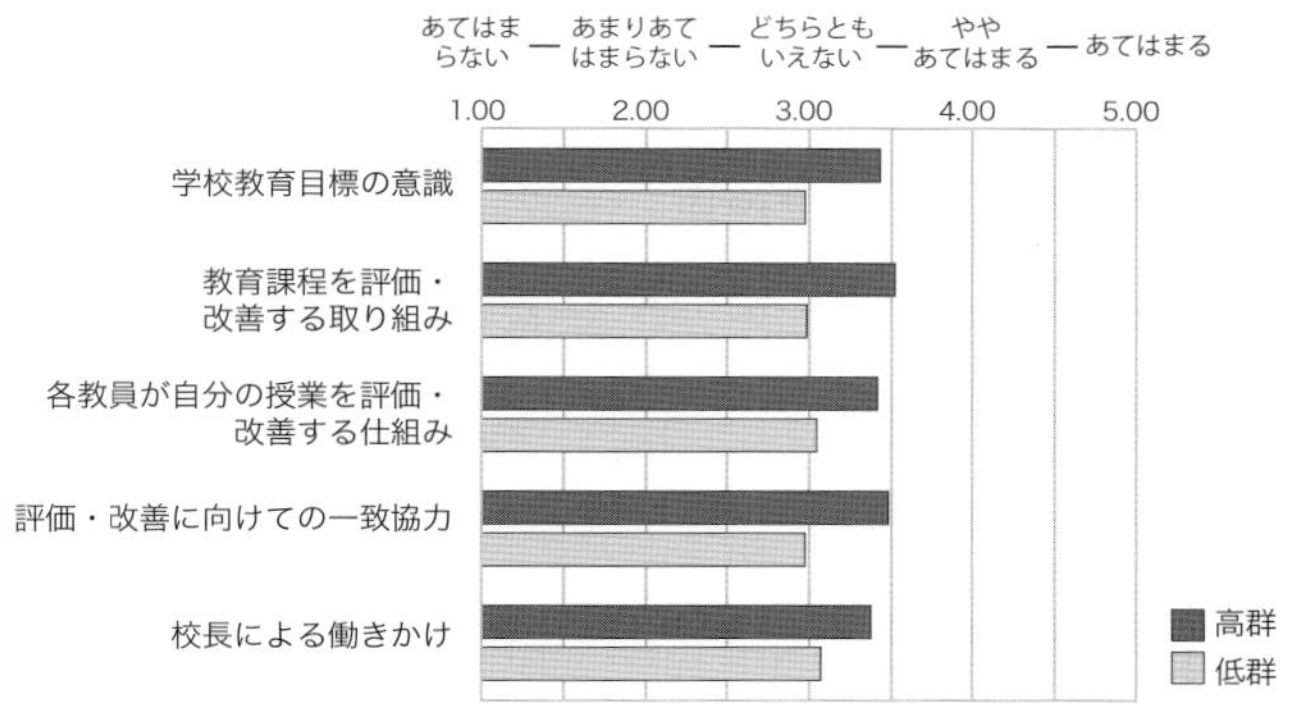

図16 カリキュラム・マネジメントの高低による効果の違い ※7

教科主任の先生方に、自校・自教科のカリキュラム・マネジメントの度合いについて評価してもらっています。

結局、アクティブ・ラーニングの推進は、根本的には学校全体で取り組まなければできないということですよね。学校ぐるみでやらなあかん、と。これは学校のタイプや学力によって差があるんですか？

進学校ではやはり高くなっているものの、実はそれほど差はありません。それよりも、国立、都道府県立、その他公立、私立といった設置者によって特徴があります。例えば「学校教育目標の意識」や「教育課程を評価改善する取り組み」は国立が高く、私立が低いのですが、「各教員が自分の授業を評価改善する仕組みがあるか」は、都道府県立とその他公立のほうが高い。「評価改善に向けて各教員が一致協力できている」というのは、国立とその他公立とかの学校のほうが高くて、「校長による働きかけ」は、国立と私立が低いんです。

国立の高校で「校長による働きかけ」が低いのは、校長先生が２年間程度、比較的短期間しかいないので、そのためかもしれませんね。

そもそもなぜカリキュラム・マネジメントができているほうが、アクティブ・ラーニングの効果が高まるのでしょうね？

いくつか仮説が考えられるかと思いますが、やはり、**ねらいをきちんと定めて、みんなで評価の水準みたいなのを決めていって、組織的に対応していくほうがアクティブ・ラーニングの質そのものは上がる**ということがあると思います。また、**教員同士が協働できるようになっている学校では、教員の資質が向上しているからこそ、アクティブ・ラーニングの効果も高まる**という見方もできます。

ちなみにね、これはおそらく完全に蛇足になりますが、この「カリキュラム・マネジメント」っていう言葉はなんとかなりませんかね。教育業界ではこう言うのだというので、この本でもやむなくこれを用いますが、僕はこの言葉に大変違和感があります。

最大の問題は、この言葉が教育現場で流行すると僕には思えないのです。どうして英語なのか、そして、学校現場から最も遠いと思われる「マネジメント」という言葉を使うのか、僕には疑問です。たかが言葉かもしれませんが、されど言葉です。教育改革を進める方は、もっと言葉の問題に鋭敏になっていただきたいと思いますね。

確かにカリキュラム・マネジメントという言葉には違和感を感じるところもありますね。

カリキュラム・マネジメントができている学校がどういう学校なのかを、この調査の結果からわかる範囲で調べてみたところ、学校教育目標にどんな言葉が含まれているか、教育課程の編成に誰が関わっているか、校内研修の回数、文科省等からの研究・重点校指定の有無と関係があることがわかりました。特に、**教育課程の原案の作成や教育課程の編成に幅広い職階の先生が関与している学校ほど、カリキュラム・マネジメントがなされていました**。カリキュラ

※７　カリキュラム・マネジメントと効果の関係性を検討するため、カリキュラム・マネジメントの各下位尺度の実施度を上位・下位25％に分け、その高低を独立変数とし、総合効果を従属変数として、分散分析を行いました。その結果、いずれの下位尺度についても、総合効果に対して１％水準で有意な差が見られました。

ム・マネジメントできているからそうだともいえ、トートロジーな感じもしますが、学校の改善に学校全体で組織的に取り組もうという姿勢が大切なようです。

アクティブ・ラーニングが学校全体に広がらない理由

アクティブ・ラーニングが学校全体に広がらない一番の原因は何でしょうか？

アクティブ・ラーニングがものすごい**意欲のある１人の先生によって担われている**か、ある１つの科目では熱心に取り組まれているが、それ以外の教科では全くやられていないといった状況なのでしょうね。

そうした**アクティブ・ラーニングの試みに対して光を当ててこなかった**、ということがあるかもしれません。実際、アクティブ・ラーニングという言葉ができるずっと前から、ちょっと変わった先生方はアクティブ・ラーニングをやっていたわけですが、そこに光が当たっていなかった。学校の中であれば、そこに光を当てられるのは校長先生です。校長先生から「このやり方がこれから皆さんが真似するべき授業のやり方だよ」と言ってくれるだけで、**今までくすぶっていたその変わった先生方がリーダーシップを発揮してくれるようになる**のではないでしょうか。

マナビラボの取材で、全国でアクティブ・ラーニングに取り組んでいらっしゃる先生方を数多く訪ねましたが、同じ学校の先生がその取り組みについて全くご存じない、といったこともしばしばありました。

スポットライトを当てる効果は、大きいですよね。スポットライトを当てるということは望ましい方向を示すということです。それをやっていきながらゆるく学校を動かしてくというのが、現実的に学校を動かしていくためのやり方なのではないかと思います。

他校の優れた取り組みを見に行く前に、まずは自校内で先生同士、お互い何をやっているかを知るところから始めたほうがいいのかもしれません。カリキュラム・マネジメントに取り組む以前に、今、学校全体でどんなカリキュラムになっているのかを知る必要があります。どの先生がどんな授業をやっているのか、といった話が学校内で共有されているべきなのに、お互いをあまり知らないというケースも多々あります。

カリキュラム・マネジメントに３年は短すぎる

ひとつ文句を言いたいことがあるんですが、公立高校の校長先生の在任期間は短すぎないですか？ 今のような、校長先生が２～３年で変わるシステムというのは、校長先生に「何もするな」と言っているのと同じだと思います。通常、校長が赴任したら１年目はまず観察して、そこで何が起こっているのかを見て、変革に着手するのは２年目。それなのに、結果が出るか出ないかという３年目にまた異動になる。そうなると、いちいち何かやるのも面倒くさくなりませんか。**校長先生にしっかりと学校の経営者として成果を出してもらうためには、もう少し任期が長くないと何もできません**。つまり、「何もしないこと」を合理的選択として選択せざるをえない状況に置かれているということです。

企業経営と比較すると、３年は短いですね。せめて３年ほどで成果を出した校長にはもう少し長く勤務してもらう制度がほしいと思います。

カリキュラム・マネジメントというのは、一般的な組織論の言葉に置き換えますと、「組織学習」とよばれる活動に近いと思います。組織で目標を定め、や

るべきことを決めて、みんなで協力して知識を生み出して評価していく、という組織的活動です。そう考えると、任期３年ではちょっと短すぎる。

２年で転勤になる場合もあります。

赴任して、組織のなかでキーマンになる先生が徐々にわかってくるのが半年後。その先生たちに声をかけて「みんなでやってみようよ」と言って、新しい試みをやり始めるのが２年目から。最初は失敗しつつも徐々に形になってくるのが２年目の終わり。少し改善してうまくいったかな、と感じ始めるのが３年目、そして異動となる。**今の学校は、学校の変革がきわめてなされにくいシステム**になっていると思います。

学校の変革を行うのも３年では難しいと思います。新しい時代を生き抜く力を持った人材に生徒を育てようと思ったら、それこそ３年間かけてじっくりと取り組む必要があります。ある１人の先生が授業を劇的に変えたからといって、その生徒が劇的に変わるわけではありません。結局は、**３年間通してその１人の生徒をどのように育てるかにかかっています**。しかし、３年で異動があるとすれば、学校や授業の変革の方向性を見定め、変革に着手したら時間切れになってしまいます。となると、やはり学校全体で長期的に授業をどう変えていくのかということを考えていかないと、ある１人の先生だけのちょっと変わった取り組み、ということに留まってしまいます。

本当にその通りだと思います。ただ、今の立場のままで、学校長がリーダーシップをとって学校を変えていくというのは、なかなか難しいところがありますね。学校長には、まず、ヒト・モノ・カネのリソースが非常に限られています。リソースが限られているなか、さらに短期間で変革しろと言われても無理です。なので、学校全体でカリキュラム・マネジメントに取り組むことも大事なのは確かですが、**行政側には、校長や指導主事に対する人事権やリソースの問題についても見直してもらいたい**なと思います。

校長先生や指導主事が短期間で異動になってしまうこの現状のなかで、何かできることはないかと考えてみると私は２点ほどあるように思います。１つは、**前の校長先生がどういう意図で何を始めたのかということをきちんと引き継ぎをしていく**、ということです。校長先生は、次にいつどこの地域に異動になるかわからないわけですから、校長先生同士のネットワークをしっかり持ち、お互いにフォローしあうという連携体制が重要なのではないかと。あともう１つは、**教科の先生方が、教科を超えて連携をとっていく**、ということです。三重県立津東高校で地歴を担当なさっている林仁大先生は、家庭科や理科など他の教科の教科書も読んでいらっしゃいました。そして、他の教科の先生たちに声をかけ、「いま、授業はどこまで進んでいますか？」と尋ねつつ、「地学のこの内容は地理とつながるから、次回の授業で取り上げよう」などと、他の教科の先生方とのコミュニケーションを通して多教科の学習内容をつないでいるそうなのです。学校全体の目標や、カリキュラム全体のことを話し合う場を、一教師の手で作っているというわけです。

すばらしい試みですね。

そう。先生同士をつなぐ人も必要ですし、そもそも、先生同士が授業をどんなふうにやっているのかとか、何をやっているのかとか、を知るということが大切です。いろいろと問題点はありますが、アクティブ・ラーニングの試みは全国で始まったばかり。もう少し時間がたてば、カリキュラムが充実してくるのではないかと期待しています。

4. まとめと今後の調査にむけて

まとめ

この度、全国の高校を対象とした大規模な調査を行い、その結果を集計・分析することで、いま高校の学びがどうなっているのかを、多少なりとも「可視化」することができたのではないかと思います。

分析を通して浮かび上がってきたのは、アクティブ・ラーニングを進めていくうえで何よりも大事にしなければならないことは、**アクティブ・ラーニングについてひとりで孤独に考え、悩むのはやめよう、みんなで協力して取り組もう**ということです。

前節で、現場の教員一人ひとりの頑張りに頼るのではなく、学校全体で組織的にカリキュラム・マネジメントに取り組むことが、授業の効果を高めるうえで重要だという分析結果を紹介しました。同様に、学校という単位だけでなく、国や自治体からの支援が大切になるのはもちろんですが、もっと広い視野から、**地域・社会全体で生徒たちをアクティブ・ラーナーに育てていこうというひとつのムーブメントに**していかないと、アクティブ・ラーニングの定着、発展はないように思います。

もちろん、アクティブ・ラーニングという言葉に否定的な先生方も数多くいらっしゃいます。この調査でも「教員間で是非に関する対立や葛藤がある」という回答が少なからず見られました。しかし、「何事にも受け身な生徒を育てたいのですか？」と問われて「そうだ」と答える先生がいるとは思えず、アクティブ・ラーナーを育てることの必要性に異議を挟む余地はないと思われます。アクティブ・ラーニングは、何か特定の授業方法を指すものではなく、学校の先生に新たな負担を押しつけるものでもなく、アクティブ・ラーニングという言葉を旗印として、みんなでアクティブ・ラーナーを育てていこうというひとつのムーブメントに過ぎないのだと思います。

いまアクティブ・ラーニングの事例として取り上げられている取り組みは、進学校の事例が多いように見えます。しかし、**本当にアクティブ・ラーニングを必要としているのは、いわゆる「詰め込み教育」や「一方的な講義」で勉強嫌いになってついていけなくなった生徒たち**です。そうした生徒が多い学校の先生は、1人で40人の生徒に目を配るのは大変だったり、生徒指導に追われたりして、自分の教育活動を見つめ直す余裕があまりないのかもしれません。そういう学校の先生にこそ、アクティブ・ラーニングに取り組めるような環境や体制を整えるなど、国や自治体、地域・社会からの支援が必要なのではないでしょうか。

今回、日本の高校の現状についてのデータをもとに「効果的な授業を生み出すための5つのポイント」について調査メンバーが語り合うという試みをしました。同様に、**先生たちがアクティブ・ラーニングについて語り合うことこそ、アクティブ・ラーニング実現のための第一歩**です。みなさまの学校でも、この書籍の内容、この調査のデータ、それぞれの学校のデータをもとに、いま学校がどうなっているのか、これからどんな学校にしていきたいのか、といったことを語り合う場をつくっていただけたらと思います。

そして、**先生方もまた学び続けるアクティブ・ラーナーでいること**。それが、アクティブ・ラーニングを進めていくうえでの大きな推進力になると信じています。

今後の調査にむけて

2014年11月の中教審諮問をきっかけに、高校の現場でアクティブ・ラーニングへの関心が高まっ

ており、その関心の高まりには驚くべきものがあります。本プロジェクトでは、この間の高校の変化を捉えるべく、1年目となる2015年に続いて、2年目、3年目と継続的に調査を実施し、**これから高校がどのように変化していくのか、変化のある高校はどのような高校かを追跡調査する予定**です。

2016年度の2年目調査については分析途中ですが、ここで分析結果を一部ご紹介します。

1．教科別の実施率の変化

この1年間で、参加型授業への取り組み状況はどのように変化したのでしょうか。教科ごとの参加型授業の実施率の変化を示したものが図17です。参加型授業への取り組みについて「すでに取り組んでいる」と答えたのは、国語が54.1％で最も高く、外国語53.7％、理科51.0％、地歴・公民46.6％、数学34.5％でした。昨年度と比べて全体的に微増し、特に**数学と理科では8% 前後も増えている**一方で、国語、地歴・公民、外国語では1～2%程度の増加にとどまりました。

2．教科主任による働きかけ

参加型授業の効果について、変化を実感している高校はどのような高校か、教科主任による働きかけという観点から分析しました。

数学や理科で実施率が上昇

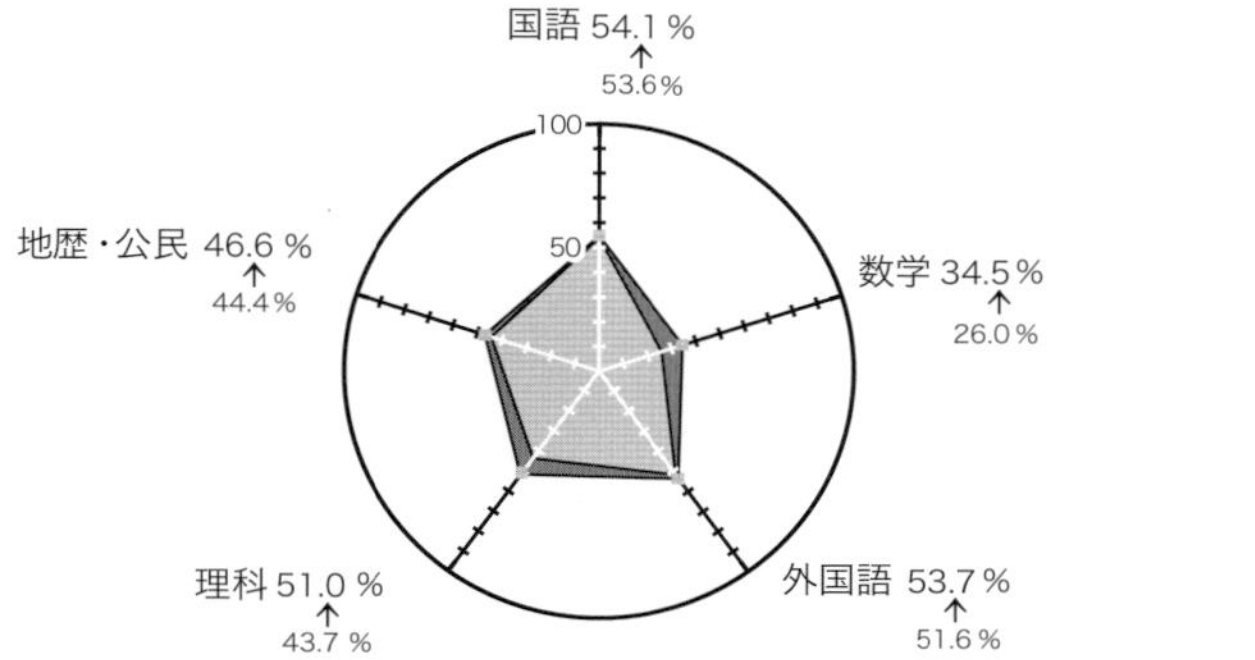

図17　教科別の参加型授業実施率の変化

教科主任が管理職や他の教職員に働きかけると効果大

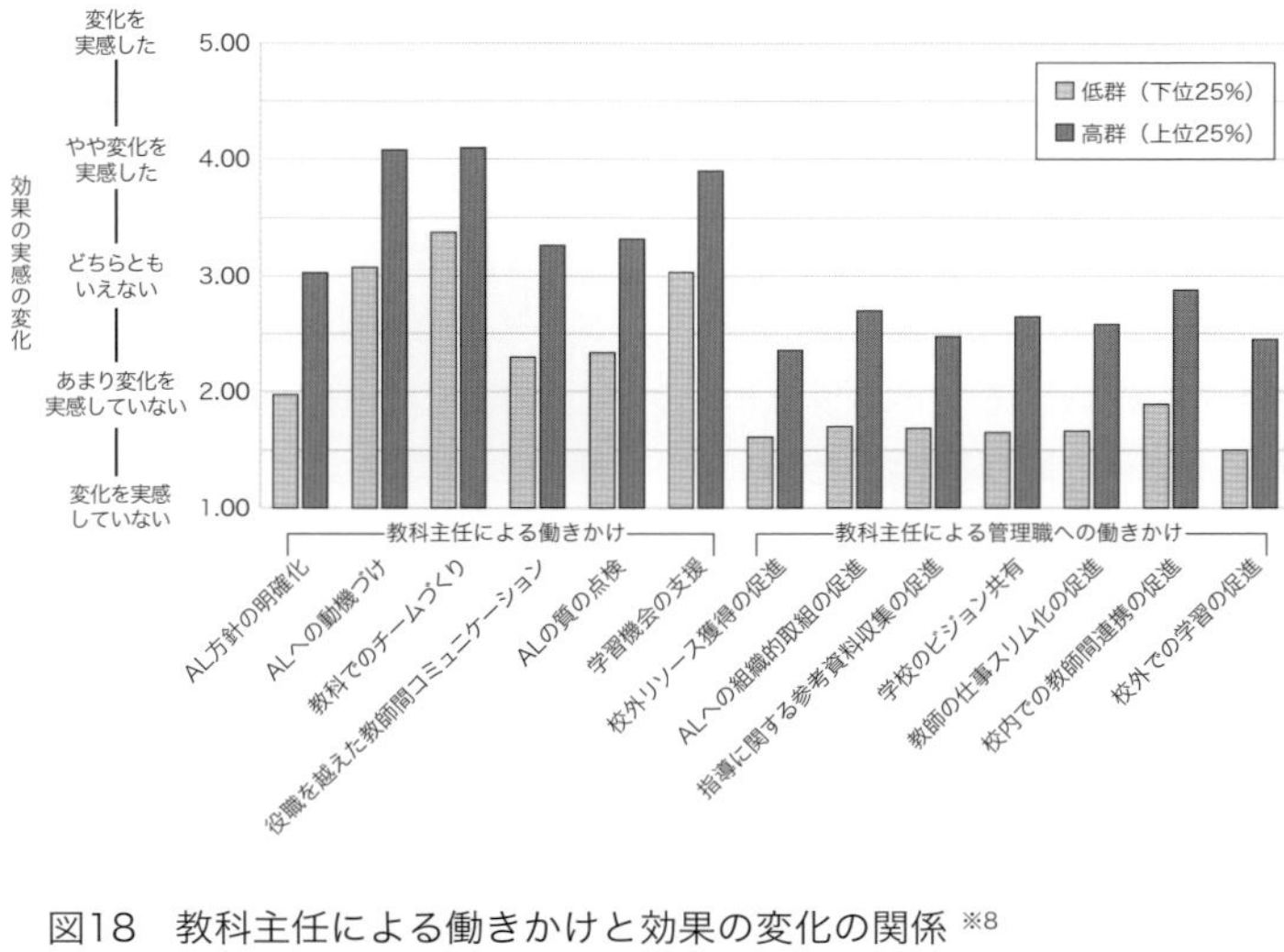

図18　教科主任による働きかけと効果の変化の関係 ※8

その結果、参加型学習の推進に向けて**教科主任が管理職や他の教員に積極的に働きかけているほど、効果に変化があった**と感じていました（図 18）。

2015 年から 2016 年にかけて、アクティブ・ラーニングという言葉や概念に対する理解は広がりつつあり、実践において劇的な変化があったわけではないものの、着実に取り組みは増えているようです。また、この 1 年間で効果を上げている学校は、学校全体でアクティブ・ラーニングに取り組めるような環境・組織づくりに向けて、教科主任など学校のミドルリーダーが積極的に働きかけている学校だと言えそうです。

このように、本プロジェクトでは経年調査によって、学校の変化、あるいは変化の要因を明らかにしていきます。**調査の結果の詳細は、本プロジェクトのウェブサイト（http://manabilab.jp）で公開する予定**ですので、今後の調査結果もぜひご期待ください。

※ 8　教科主任による働きかけと効果の変化の関係性を検討するため、教科主任による働きかけおよび教科主任による管理職への働きかけの各下位尺度の実施度を上位・下位 25%に分け、その高低を独立変数とし、総合的な効果の変化を従属変数として、分散分析を行いました。その結果、教科主任による働きかけ、教科主任による管理職への働きかけのいずれの下位尺度についても、効果の変化に対して 1%水準で有意な差が見られました。

４章 データでみるアクティブ・ラーニングは
本の後ろから読んでください。